I0539826

BESTACTIVITYBOOKS.COM

PRIMEIRA EDIÇÃO - 2022

Ilustración gráfica adicional: www.freepik.com
Graças a Alekksall, Starline, Pch.vector, Rawpixel.com, Vectorpocket, Dgim-studio, Upklyak, Macrovector, Stockgiu, Pikisuperstar & Freepik.com Designers

5 DICAS PARA COMEÇAR

1) CÓMO RESOLVER LAS SOPA DE LETRAS

Os puzzles têm um formato clássico:

- As palavras estão escondidas sem espaços ou hífenes,...
- Orientação: As palavras podem ser escritas para a frente, para trás, para cima, para baixo ou na diagonal (podem ser invertidas).
- As palavras podem sobrepor-se ou intersectar-se.

2) APRENDIZAGEM ACTIVA

Ao lado de cada palavra há um espaço para anotar a tradução. Para encorajar a aprendizagem activa, um **DICIONÁRIO** no final desta edição permitir-lhe-á verificar e expandir os seus conhecimentos. Procure e anote as traduções, encontre-as no puzzle e adicione-as ao seu vocabulário!

3) MARCAR AS PALAVRAS

Pode inventar o seu próprio sistema de marcação - talvez já use um? Pode também, por exemplo, marcar palavras difíceis de encontrar com uma cruz, palavras favoritas com uma estrela, palavras novas com um triângulo, palavras raras com um diamante, e assim por diante.

4) ESTRUTURANDO A APRENDIZAGEM

Esta edição oferece um **CADERNO DE NOTAS** prático no final do livro. Nas férias, em viagem ou em casa, pode facilmente organizar os seus novos conhecimentos sem a necessidade de um segundo caderno!

5) JÁ TERMINOU TODAS AS GRELHAS?

Nas últimas páginas deste livro, na secção **DESAFIO FINAL**, encontrará um jogo gratuito!

Rápido e fácil! Consulte a nossa colecção de livros de actividades para o seu próximo momento de diversão e **aprendizagem**, a apenas um clique de distância!

Encontre o seu próximo desafio em:

BestActivityBooks.com/MeuProximoLivro

Aos vossos lugares, preparem-se...Vão!

Sabia que existem cerca de 7.000 línguas diferentes no mundo? As palavras são preciosas.

Adoramos línguas e temos trabalhado arduamente para criar livros da mais alta qualidade para si. Os nossos ingredientes?

Uma selecção de tópicos adequados à aprendizagem, três boas porções de entretenimento, e depois acrescentamos uma colherada de palavras difíceis e uma pitada de palavras raras. Servimo-los com amor e máximo divertimento, para que possa resolver os melhores jogos de palavras e se divirta a aprender!

A sua opinião é essencial. Pode participar activamente no sucesso deste livro, deixando-nos um comentário. Gostaríamos de saber o que mais lhe agradou nesta edição.

Aqui está um link rápido para a sua página de encomendas:

BestBooksActivity.com/Avaliacoes50

Obrigado pela vossa ajuda e divirtam-se!

A Equipa Inteira

1 - Dirigindo

기	사	핑	진	낚	낚	퍼	경	찰	주	츠	동	도	터	널
진	임	야	트	동	예	동	야	핑	의	도	츠	로	술	낚
그	법	재	럭	수	가	스	공	다	도	기	편	킹	관	야
야	여	오	토	바	이	하	진	사	이	원	보	행	자	그
편	활	림	독	편	낚	캠	가	춤	고	킹	여	구	캠	사
사	도	츠	이	하	캠	낚	림	원	진	하	포	다	공	뽐
식	킹	재	스	수	낚	낚	투	스	렵	춤	핑	마	브	권
특	허	킹	권	차	사	수	여	가	심	심	킹	활	레	게
관	포	식	다	편	차	진	낚	구	포	심	활	즐	이	핑
서	임	지	도	임	고	예	캠	농	공	연	다	거	크	퍼
기	농	기	츠	법	법	뽐	원	관	활	식	료	리	기	권
킹	사	다	심	식	투	춤	퍼	그	이	하	수	술	임	원
하	수	관	야	임	즐	임	스	렵	그	모	핑	뽐	하	진
위	험	교	통	활	활	구	물	식	구	터	안	전	스	공
뽐	낚	춤	스	활	핑	뽐	관	법	구	이	사	다	동	기

사고
트럭
연료
주의
도로
브레이크
차고
가스
특허
지도
오토바이
모터
보행자
위험
경찰
거리
안전
교통
터널

2 - Antiguidades

츠	림	식	식	원	독	활	림	봉	퍼	구	스	임	수	즐
킹	활	재	게	예	오	래	된	예	게	다	시	낚	마	동
즐	킹	농	킹	포	예	투	춤	우	동	재	경	매	츠	포
세	항	목	기	마	술	렵	마	아	물	낚	여	렵	동	원
게	기	공	재	시	권	마	퍼	한	진	진	진	서	퍼	전
수	하	야	관	투	캠	서	원	시	뿜	법	춤	정	권	림
술	가	츠	가	자	서	활	복	구	캠	즐	물	통	도	재
마	퍼	춤	여	여	물	시	하	예	투	시	예	렵	여	가
공	심	물	게	춤	진	퍼	다	스	술	렵	술	활	갤	구
봉	예	장	포	진	즐	다	츠	특	낚	도	포	심	러	림
재	서	식	게	수	츠	스	술	이	사	춤	심	렵	리	수
그	스	그	값	포	편	재	퍼	한	캠	재	물	퍼	렵	렵
즐	편	투	수	낚	관	하	활	츠	사	편	심	렵	공	활
활	권	스	타	일	수	십	년	품	가	격	포	조	각	사
휴	법	동	포	물	동	휴	킹	시	질	수	식	수	캠	츠

예술
정통
장식
수십 년
우아한
조각
스타일
갤러리
특이한
투자

항목
경매
가구
동전
가격
품질
복구
세기
오래된

3 - Churrascos

게	편	이	캠	츠	포	임	과	진	임	킹	낚	사	예	활
투	임	도	가	수	물	스	일	활	렵	임	야	임	재	도
구	물	캠	임	낚	킹	여	점	심	권	공	물	관	구	서
예	임	휴	활	소	채	퍼	심	기	기	낚	가	투	기	심
샐	편	츠	핑	스	게	사	봉	핑	휴	킹	춤	낚	핑	다
러	예	기	술	활	권	소	동	권	법	어	저	녁	식	사
드	예	야	예	여	츠	림	금	가	낚	린	토	여	서	권
도	술	재	츠	술	수	칼	휴	독	족	이	마	뽐	이	낚
사	투	캠	즐	동	림	닭	다	활	낚	법	토	농	퍼	포
수	다	권	서	법	임	구	이	진	시	뜨	핑	물	게	임
동	이	하	음	악	원	심	뽐	초	렵	거	독	농	캠	재
포	굶	주	림	활	후	추	낚	대	물	운	그	사	춤	권
농	그	기	심	그	활	낚	사	관	야	스	재	다	임	스
수	투	서	구	릴	여	름	이	그	활	가	기	핑	야	농
즐	임	휴	스	동	식	농	마	하	즐	사	구	원	핑	투

점심
초대
어린이
가족
굶주림
과일
그릴
저녁 식사
게임
채소
소스
음악
후추
뜨거운
소금
샐러드
토마토
여름

4 - Pesca

포	수	춤	가	심	편	그	캠	물	즐	마	수	킹	진	예
여	서	임	퍼	스	봉	심	스	공	술	낚	이	그	술	시
농	재	마	핑	킹	핑	원	츠	구	철	사	낚	훅	뽐	독
수	즐	독	편	낚	킹	다	여	구	동	하	인	농	관	여
가	동	츠	게	춤	다	편	원	휴	서	스	원	내	이	동
게	포	킹	마	비	낚	턱	도	캠	춤	사	시	활	다	림
공	이	구	과	장	마	림	즐	스	림	임	활	독	동	퍼
대	양	강	물	이	도	농	투	술	구	활	권	하	캠	독
식	휴	이	편	렵	술	퍼	게	춤	편	이	권	스	임	원
해	림	물	물	다	스	술	여	마	지	봉	투	게	물	진
변	도	투	기	츠	임	시	서	봉	심	느	사	임	기	수
가	야	임	바	구	니	다	공	미	끼	예	러	휴	렵	계
렵	그	가	하	게	예	킹	원	가	여	물	공	미	낚	절
도	예	낚	재	호	사	독	뽐	아	마	편	낚	캠	배	임
렵	무	게	마	수	예	림	하	봉	스	예	독	임	서	편

지느러미
아가미
바구니
장비
과장
철사
미끼
호수
대양
인내
무게
해변
계절

5 - Geologia

포	핑	진	임	이	예	기	동	다	크	권	뽐	여	시	춤
법	봉	재	스	낡	봉	수	가	굴	리	독	캠	원	다	임
법	그	즐	독	물	구	관	렵	다	스	하	야	시	림	동
농	이	다	술	칼	시	술	동	농	탈	예	휴	사	대	술
농	심	다	춤	슘	동	수	원	핑	진	도	이	임	시	륙
림	봉	봉	그	탄	호	그	구	기	진	재	심	시	독	편
핑	관	게	술	물	산	권	이	스	투	투	렵	스	임	그
권	가	물	용	암	포	수	활	휴	사	술	재	게	관	그
스	재	활	춤	활	재	화	편	진	하	츠	화	츠	투	고
뽐	수	권	관	술	포	산	물	독	수	영	석	유	종	원
부	렵	퍼	소	금	도	렵	그	시	권	동	구	역	여	림
식	석	순	다	임	야	예	마	봉	봉	투	그	사	지	진
기	이	도	기	여	시	퍼	돌	봉	캠	다	권	식	퍼	임
여	예	농	재	물	술	가	림	재	킹	야	서	휴	임	편
그	재	츠	야	층	킹	즐	핑	진	여	츠	관	마	공	투

동굴
칼슘
대륙
산호
크리스탈
부식
종유석
석순
화석
용암
탄산수
고원
석영
소금
지진
화산
구역

6 - Ética

림	관	공	캠	기	낚	캠	야	구	뿜	외	하	도	협	핑
진	사	춤	농	구	스	법	물	춤	림	교	합	투	력	즐
동	구	마	즐	철	렵	킹	하	술	농	즘	리	얼	리	편
물	즐	렵	시	다	학	값	낚	서	예	마	성	즐	그	서
춤	법	봉	임	포	정	술	독	춤	사	재	낚	결	관	진
원	그	시	림	수	직	활	여	춤	낚	권	물	진	무	독
포	관	서	동	핑	하	인	공	이	식	투	야	예	여	이
뿜	야	식	동	퍼	법	적	류	지	혜	연	다	술	서	타
기	법	그	낚	즐	핑	리	진	낙	다	민	진	렵	뿜	주
공	식	렵	친	사	관	합	서	천	야	임	이	가	림	의
킹	물	포	절	렵	림	관	공	주	이	농	진	예	예	주
휴	게	가	야	인	내	진	핑	의	즐	재	심	법	여	인
렵	야	그	렵	존	엄	성	뿜	농	기	식	킹	원	캠	개
임	예	킹	렵	가	임	포	킹	편	캠	활	퍼	술	게	야
스	킹	낚	공	차	술	독	낚	재	다	마	물	동	활	가

이타주의
친절
연민
협력
존엄성
외교
철학
정직
인류

개인주의
무결성
낙천주의
인내
합리성
합리적인
리얼리즘
지혜
공차

7 - Tempo

여	그	투	그	어	다	림	독	기	렵	하	공	봉	시	뿜
진	정	오	지	금	제	그	진	심	다	권	가	포	편	즐
관	시	계	아	편	렵	공	하	마	캠	포	술	사	휴	물
진	핑	포	침	물	휴	심	진	봉	서	임	사	물	월	이
구	시	핑	물	서	활	시	기	공	이	낚	그	임	림	관
스	임	하	게	재	구	간	연	춤	권	마	달	그	그	시
순	간	밤	예	원	술	투	공	오	동	주	구	력	스	렵
킹	투	사	츠	사	예	킹	킹	늘	야	이	임	시	활	휴
전	에	진	물	동	기	그	춤	투	퍼	법	야	미	법	야
관	법	수	동	법	수	서	활	마	원	츠	수	관	래	재
일	스	기	기	원	수	세	기	활	도	마	활	마	도	심
렵	즐	심	뿜	편	마	렵	마	서	재	투	포	식	야	물
활	분	임	렵	림	독	하	휴	킹	수	캠	이	림	법	봉
츠	마	봉	권	춤	투	캠	술	년	츠	스	관	다	츠	캠
캠	뿜	식	가	편	림	도	하	십	퍼	권	심	공	술	심

지금
전에
연간
달력
십년
미래
오늘

시간
아침
정오
순간
어제
시계
세기

8 - Astronomia

별	스	권	춘	농	식	중	춤	재	농	가	지	즐	로	천
자	퍼	활	분	이	편	력	게	퍼	렵	그	재	구	켓	문
리	핑	가	권	하	권	츠	권	동	코	스	모	스	은	학
렵	독	기	렵	법	식	퍼	임	캠	식	다	휴	늘	하	자
성	신	초	사	방	츠	그	마	동	가	예	동	뽑	이	동
행	운	렵	행	성	독	서	원	춤	여	술	그	다	캠	봉
소	예	편	비	게	포	수	춤	임	술	시	낚	야	관	봉
구	마	다	주	우	구	식	재	스	포	킹	휴	수	달	렵
농	기	하	우	술	게	전	기	가	재	권	농	식	예	이
시	춤	투	재	캠	예	망	츠	여	렵	구	렵	뽑	가	독
식	춤	게	마	렵	예	대	포	구	독	츠	기	심	그	퍼
예	사	야	공	심	즐	서	기	츠	캠	하	기	여	야	진
독	농	투	서	농	독	기	휴	편	사	활	물	하	물	예
낚	뽑	유	그	시	관	농	동	게	원	재	투	춤	이	춤
원	독	기	성	투	수	다	농	뽑	퍼	기	투	여	퍼	물

소행성
우주 비행사
천문학자
하늘
별자리
코스모스
춘분
로켓
은하

중력
유성
성운
전망대
행성
방사
초신성
지구
우주

9 - Acampamento

즐	낚	재	여	하	활	휴	퍼	술	식	기	휴	이	캐	빈
포	술	물	포	게	시	춤	킹	반	포	퍼	모	자	스	물
퍼	킹	기	농	물	수	투	이	침	법	마	도	공	투	원
여	그	술	시	낚	츠	독	예	나	물	스	임	장	비	그
그	편	사	다	포	마	권	활	술	무	즐	공	서	춤	물
쁨	물	식	수	법	수	츠	권	서	술	독	쁨	마	투	서
림	츠	재	즐	구	식	법	야	그	퍼	림	낚	권	숲	기
식	렵	사	야	캠	서	게	산	하	렵	공	킹	구	퍼	술
독	호	수	재	이	시	활	곤	투	이	텐	해	캠	스	수
캠	원	퍼	예	그	게	쁨	권	충	불	트	먹	낚	농	수
투	카	누	시	스	술	달	식	식	여	임	서	가	재	원
낚	스	도	하	가	림	시	퍼	진	농	핑	스	재	캠	도
독	공	여	렵	휴	서	하	서	술	밧	모	여	동	지	진
임	게	봉	스	예	포	원	활	마	줄	험	하	물	도	여
권	낚	심	투	하	서	동	예	다	자	연	봉	서	퍼	식

동물
모험
나무
나침반
캐빈
수렵
카누
모자

밧줄
장비
곤충
호수
해먹
지도
자연
텐트

10 - Ficção Científica

권	예	법	술	법	공	사	사	게	법	농	가	게	재	즐
은	하	동	독	즐	츠	구	심	심	가	투	림	편	원	뽐
미	게	권	독	퍼	식	휴	여	게	스	포	퍼	그	관	투
춤	래	킹	예	진	공	물	퍼	법	서	관	낚	관	뽐	불
유	림	기	림	캠	예	야	책	영	화	기	휴	게	원	스
토	원	독	여	킹	가	시	포	동	수	술	로	봇	클	그
피	편	임	시	포	폭	투	이	재	투	오	라	클	퍼	론
아	임	수	가	사	발	도	구	림	하	봉	그	뽐	술	휴
야	여	포	츠	퍼	디	스	토	피	아	춤	시	렵	츠	렵
포	스	임	수	먼	물	독	핑	봉	도	재	그	동	마	휴
킹	관	심	구	농	동	여	신	퍼	농	퍼	렵	서	다	도
기	환	행	성	뽐	식	킹	비	관	원	자	세	투	뽐	진
츠	의	상	상	림	공	그	한	서	서	그	계	봉	시	츠
권	예	환	상	적	인	림	이	휴	이	사	스	야	낚	야
그	다	서	독	다	시	물	활	임	퍼	법	예	독	마	스

원자
영화
클론
디스토피아
폭발
환상적인
미래
은하
환상

상상의
신비한
세계
오라클
행성
로봇
기술
유토피아

11 - Mitologia

농	미	야	창	조	복	핑	야	생	뽑	림	술	시	뽑	캠
낚	궁	휴	원	이	수	구	관	물	번	개	춤	심	편	게
하	마	임	권	형	식	영	웅	뽑	게	도	천	야	마	렵
재	재	하	츠	다	물	법	핑	뽑	렵	츠	국	물	렵	즐
식	스	스	진	가	심	기	렵	활	독	휴	즐	권	이	임
마	불	괴	물	물	가	독	힘	즐	킹	원	관	가	전	사
법	농	사	농	술	수	식	포	심	캠	야	하	다	설	스
의	관	전	가	심	행	동	공	서	물	재	그	공	질	킹
가	임	포	게	츠	낚	식	캠	편	사	렵	사	퍼	투	문
그	식	킹	천	림	낚	킹	즐	재	즐	킹	사	핑	다	화
킹	그	림	둥	봉	진	농	이	술	편	관	여	림	투	임
이	스	포	림	가	투	스	스	렵	사	야	술	임	편	마
신	봉	농	물	춤	야	포	게	여	술	스	사	공	캠	공
사	념	재	해	스	다	시	도	사	권	스	서	구	예	춤
가	게	춤	농	투	즐	포	도	술	편	동	편	핑	심	핑

원형
천국
질투
행동
신념
창조
생물
문화
재해
전사

영웅
불사
미궁
전설
마법의
괴물
번개
천둥
복수

12 - Medições

사	원	톤	물	여	렵	렵	마	이	임	독	활	서	마	동
투	사	구	임	임	시	쁨	권	편	게	기	렵	봉	공	서
여	이	그	원	이	가	쁨	서	사	마	시	기	예	여	임
편	야	춤	포	여	그	도	림	동	스	가	물	봉	미	임
스	다	법	관	림	휴	편	물	여	게	그	키	킹	터	리
깊	퍼	가	질	량	서	동	그	법	가	시	식	서	정	게
이	투	쁨	낚	음	심	서	법	너	편	재	캠	포	도	가
길	램	그	진	마	쁨	원	법	비	독	봉	투	편	권	이
낚	그	츠	진	스	인	다	이	투	분	투	술	여	도	재
킬	로	미	터	무	게	치	온	스	림	서	심	관	즐	농
캠	킬	사	미	마	여	낚	구	십	진	수	게	관	이	다
식	심	재	티	킹	하	즐	여	킹	재	야	법	공	스	핑
임	동	가	센	서	도	법	춤	렵	예	캠	관	법	식	독
바	이	트	즐	즐	기	기	다	투	시	임	퍼	식	법	츠
원	도	진	봉	사	구	림	편	원	춤	사	여	하	휴	포

바이트
센티미터
길이
십진수
그램
정도
너비
리터
질량
미터
온스
무게
인치
깊이
킬로그램
킬로미터
음량

13 - Álgebra

림	핑	농	포	즐	진	수	서	원	다	림	농	림	문	농
공	캠	물	낚	사	진	투	공	휴	렵	야	시	양	제	공
렵	춤	봉	기	여	사	이	술	활	휴	낚	하	선	동	구
핑	그	마	동	다	츠	시	휴	진	해	핑	렵	형	영	사
퍼	뽐	물	수	림	권	마	여	투	결	진	행	렬	물	렵
방	요	인	도	마	하	킹	예	이	책	이	구	빼	심	즐
구	정	림	원	수	구	킹	농	진	그	휴	하	캠	기	서
뽐	낚	식	즐	그	래	프	낚	게	휴	그	농	여	예	춤
농	여	수	진	야	기	이	식	물	동	다	서	거	짓	야
핑	원	지	캠	게	법	심	캠	무	즐	핑	동	재	기	공
사	괄	멱	예	핑	춤	스	휴	한	물	물	도	심	물	독
동	권	호	원	투	스	동	서	구	이	술	농	낚	그	동
그	사	단	순	화	사	도	야	즐	권	식	분	수	도	표
임	낚	즐	킹	수	시	원	하	편	다	포	술	변	가	가
편	봉	서	원	활	캠	서	포	재	시	구	진	봉	게	동

도표
방정식
멱지수
거짓
요인
수식
분수
그래프
무한
선형
행렬
괄호
문제
단순화
해결책
빼기
변수

14 - Plantas

식	활	부	콩	킹	림	춤	휴	심	포	퍼	그	서	관	동
진	물	시	임	가	동	즐	초	목	춤	가	핑	하	킹	구
술	예	학	편	식	그	하	스	법	낚	숲	농	야	독	가
농	물	활	휴	림	다	즐	다	하	도	투	도	킹	림	술
식	캠	다	심	독	심	권	동	킹	기	나	이	사	독	게
시	예	즐	마	다	도	원	공	휴	마	무	이	술	농	렵
동	물	즐	임	즐	정	게	휴	공	농	나	마	활	도	다
편	즐	공	하	림	다	원	재	핑	투	대	비	이	아	하
림	수	여	관	기	이	가	예	예	여	진	료	선	활	꽃
포	농	핑	독	가	물	캠	태	양	시	시	마	인	구	예
봉	물	기	임	독	기	춤	하	캠	시	예	구	장	임	포
공	스	물	사	베	구	기	심	사	꽃	스	시	게	츠	가
수	동	재	도	리	뿌	핑	사	렵	잎	그	시	퍼	원	심
여	킹	킹	이	끼	잔	디	권	퍼	봉	낚	가	뽐	수	게
휴	재	술	하	서	심	술	편	플	로	라	잎	동	포	춤

부시
나무
베리
대나무
식물학
선인장
비료
플로라

잔디
아이비
정원
이끼
꽃잎
뿌리
태양
초목

15 - Veículos

림	로	켓	스	핑	활	츠	타	림	농	춤	잠	재	예	활
퍼	예	기	쿠	택	시	이	이	킹	심	킹	수	심	캠	물
킹	재	비	터	모	핑	그	어	식	그	렵	함	가	서	츠
버	스	행	캐	러	밴	투	동	법	구	가	다	마	편	원
술	원	기	수	공	기	포	캠	마	수	포	진	서	재	동
춤	동	식	활	여	도	활	진	쁨	캠	임	동	쁨	림	독
재	수	야	야	춤	편	시	투	퍼	편	즐	서	자	캠	활
기	춤	춤	낚	다	관	야	독	다	동	렵	임	전	동	술
하	구	술	게	구	급	차	여	반	재	법	헬	거	법	독
스	쁨	술	권	캠	예	림	재	렵	투	림	활	리	배	구
뗏	핑	포	쁨	시	스	도	수	포	그	구	심	진	콥	차
독	목	식	스	가	하	원	가	예	편	킹	법	심	편	터
스	술	사	원	나	룻	배	다	원	물	진	렵	스	휴	랙
그	이	투	지	하	철	물	게	포	이	트	서	게	관	트
렵	렵	휴	킹	도	서	도	구	가	휴	럭	킹	하	식	다

구급차
비행기
나룻배
자전거
트럭
캐러밴
로켓
헬리콥터
뗏목
스쿠터
지하철
모터
버스
타이어
잠수함
택시
트랙터

16 - Engenharia

림	임	동	도	가	즐	마	렵	안	정	성	에	시	도	관
도	표	동	핑	깊	사	심	춤	구	마	법	심	너	름	구
킹	스	법	시	이	마	독	이	가	조	관	마	구	지	핑
재	춤	서	기	추	진	이	동	진	낚	예	시	뽐	시	법
스	캠	분	법	법	즐	농	구	야	이	낚	휴	독	포	림
식	사	포	활	투	퍼	시	이	원	농	퍼	식	츠	가	권
게	봉	예	낚	수	뽐	퍼	퍼	식	권	퍼	림	다	낚	가
투	다	구	물	물	봉	식	도	게	투	다	원	진	예	츠
식	스	물	투	즐	가	측	정	핑	진	심	시	야	도	뽐
각	도	치	핑	힘	킹	예	시	예	축	휴	권	퍼	츠	편
동	공	수	물	독	야	게	수	사	도	계	림	야	시	포
공	동	가	활	구	사	마	원	마	그	산	독	공	동	구
기	계	츠	봉	공	건	포	춤	찰	시	야	심	사	디	스
임	식	낚	관	캠	설	재	봉	법	휴	츠	모	터	젤	물
투	낚	기	액	체	서	캠	하	렵	시	여	편	킹	즐	투

마찰
각도
계산
건설
도표
지름
디젤
치수
분포

에너지
안정성
구조
액체
기계
측정
모터
깊이
추진

17 - Restaurante # 2

사	츠	렵	기	독	낚	농	포	케	터	하	스	법	점	동
즐	재	활	서	포	그	퍼	임	예	이	식	과	일	심	투
봉	도	수	즐	맛	사	독	포	그	웨	크	렵	즐	재	퍼
휴	공	심	퍼	있	킹	프	재	법	캠	림	스	술	투	낚
수	향	신	료	는	국	수	관	림	퍼	하	기	스	뽐	구
의	자	법	음	그	관	가	법	공	사	하	시	수	야	예
포	크	원	술	여	츠	관	물	진	독	심	다	여	관	법
도	렵	이	야	도	캠	물	권	동	스	진	금	스	킹	스
하	사	기	킹	뽐	이	고	핑	캠	핑	채	소	휴	예	봉
야	시	원	농	마	그	기	핑	활	투	편	식	공	심	도
하	농	도	사	동	얼	기	전	림	그	낚	낚	핑	도	수
시	킹	여	활	진	낚	음	채	저	핑	시	츠	독	도	수
동	숟	휴	킹	츠	스	기	마	녁	구	그	활	공	투	뽐
서	여	가	원	렵	활	핑	포	식	편	게	야	즐	가	편
시	투	킹	락	샐	러	드	야	사	사	임	활	도	다	츠

점심
전채
음료
케이크
의자
숟가락
맛있는
향신료
과일
웨이터
포크
얼음
저녁 식사
채소
국수
물고기
소금
샐러드
수프

18 - Países #2

서	캠	농	법	법	퍼	게	춤	기	구	동	휴	츠	임	인
덴	마	크	도	식	하	임	법	림	그	물	법	춤	식	도
퍼	구	뽐	임	게	포	렵	게	임	나	이	라	크	우	네
심	이	권	렵	가	레	원	법	원	진	여	오	퍼	농	시
하	공	핑	휴	그	재	바	원	서	기	하	스	우	법	아
식	드	휴	포	휴	림	구	논	사	캠	퍼	법	간	기	스
봉	랜	스	구	휴	이	캠	킹	포	캠	가	포	다	사	재
본	일	카	진	멕	가	뽐	캠	도	가	술	공	휴	시	진
기	아	이	티	알	시	가	권	수	시	사	다	심	뽐	이
원	농	메	프	바	뽐	코	시	리	아	리	말	소	동	투
퍼	킹	자	랑	니	편	여	이	야	리	시	편	권	다	편
휴	활	진	스	아	동	동	독	캠	지	뽐	러	탄	킹	공
재	도	다	퍼	기	가	물	식	마	이	그	리	스	네	팔
수	그	활	동	공	봉	이	즐	하	나	야	독	키	시	그
투	야	편	사	사	렵	술	림	시	이	수	구	파	시	림

알바니아
덴마크
프랑스
그리스
아이티
인도네시아
아일랜드
자메이카
일본
라오스

레바논
멕시코
네팔
나이지리아
파키스탄
러시아
시리아
소말리아
우크라이나
우간다

19 - Material de Arte

즐	임	공	킹	서	종	렵	즐	접	임	관	재	즐	서	권
춤	퍼	림	여	투	가	이	연	착	핑	야	다	수	휴	서
시	이	권	춤	시	뽐	독	필	제	법	게	그	예	하	렵
카	메	라	관	진	공	예	캠	이	핑	킹	아	물	권	심
다	재	하	재	권	농	독	색	창	의	성	크	잉	야	관
진	화	그	핑	서	물	도	상	브	시	공	릴	투	시	서
수	가	술	그	이	표	공	진	러	구	농	식	권	캠	즐
사	채	휴	렵	림	춤	심	심	쉬	구	림	하	스	게	구
휴	숯	화	스	마	사	동	포	춤	도	예	독	수	스	독
뽐	퍼	야	활	춤	식	포	즐	낚	지	재	서	낚	권	재
파	스	텔	휴	캠	술	물	식	렵	우	의	심	기	관	식
심	법	휴	도	구	진	킹	캠	활	개	서	자	름	물	휴
서	동	림	공	핑	관	게	진	동	재	원	핑	핑	심	동
가	원	림	가	킹	하	야	가	가	사	즐	점	농	도	츠
휴	서	편	가	캠	동	동	캠	수	독	투	토	시	재	휴

아크릴
지우개
수채화
점토
의자
화가
카메라
접착제
색상
창의성
브러쉬
연필
기름
종이
파스텔
잉크

20 - Números

술	이	식	도	뽐	공	하	영	여	활	편	식	마	츠	봉
아	구	도	뽐	진	독	다	렵	법	여	물	스	진	즐	낚
홉	핑	야	열	야	하	시	식	심	그	섯	틴	물	임	삼
킹	그	동	다	물	사	서	하	츠	권	스	퍼	렵	재	도
춤	그	임	섯	술	법	즐	농	동	진	진	동	휴	임	다
하	열	임	캠	투	사	진	진	법	술	공	킹	원	열	여
도	일	퍼	기	츠	마	독	도	봉	예	뽐	그	재	두	덟
활	곱	일	사	다	섯	식	이	하	투	편	편	뽐	두	가
하	술	포	십	팔	서	식	즐	농	게	가	기	농	예	이
이	술	하	사	서	도	킹	뽐	편	야	기	즐	하	권	뽐
킹	킹	림	시	즐	뽐	식	봉	핑	하	구	예	봉	식	야
열	셋	킹	가	독	물	가	서	춤	활	나	십	진	수	츠
임	렵	공	활	캠	관	투	동	마	휴	이	구	낚	캠	휴
사	기	마	재	게	가	기	이	법	식	공	사	농	원	식
게	마	이	물	수	포	림	뽐	독	편	도	츠	진	캠	가

다섯
십진수
식스틴
열일곱
십팔
열두
아홉
여덟

십사
열 다섯
여섯
일곱
열셋
하나
스물

21 - Física

포	가	캠	원	서	서	공	예	수	중	봉	핑	춤	캠	투
츠	도	속	가	이	여	여	츠	스	력	동	권	식	법	그
재	렵	질	량	렵	림	식	수	식	낚	기	마	핑	예	게
식	식	수	진	핑	스	뽐	다	야	활	임	원	도	엔	핑
활	사	스	농	물	야	이	서	낚	권	재	휴	휴	진	동
야	마	그	구	식	하	마	독	공	하	휴	시	킹	식	기
그	그	도	원	마	식	역	식	재	림	술	게	구	캠	진
혼	원	심	봉	수	핑	학	술	예	심	여	킹	가	스	그
돈	자	이	입	빈	이	림	낚	상	하	림	법	도	기	심
독	전	마	원	자	도	밀	하	대	공	독	투	이	그	관
물	공	휴	여	분	핵	편	공	성	독	퍼	원	핑	원	술
편	권	화	가	가	임	사	렵	기	심	권	투	자	다	예
봉	스	학	렵	투	퍼	마	활	농	물	도	낚	기	법	예
휴	공	츠	츠	포	그	춤	도	도	이	확	장	식	뽐	여
림	권	구	다	가	낚	휴	관	기	가	스	이	렵	즐	림

가속
원자
혼돈
밀도
전자
확장
수식
빈도
가스
중력

자기
질량
역학
분자
엔진
입자
화학
상대성
속도

22 - Especiarias

임	도	즐	게	공	츠	시	그	독	스	회	츠	술	춤	스
그	킹	휴	사	즐	춤	츠	다	서	휴	향	커	민	투	게
뻠	핑	고	수	풀	그	기	렵	원	달	권	그	독	기	편
뻠	봉	동	퍼	활	이	예	스	서	콤	원	서	봉	포	예
심	구	하	심	원	관	카	감	초	한	권	임	구	게	공
활	카	도	가	술	퍼	레	술	공	마	늘	후	추	농	츠
정	예	르	술	뻠	가	츠	독	술	소	농	원	투	쓴	농
원	향	즐	다	마	권	수	퍼	춤	금	사	생	여	하	가
사	야	스	법	몸	활	시	기	게	캠	프	기	강	진	야
투	활	재	하	계	피	바	식	법	그	란	휴	동	양	다
권	하	츠	킹	림	법	닐	하	다	여	퍼	퍼	심	파	독
서	스	권	육	포	마	라	다	독	시	수	렵	관	독	맛
아	니	스	두	마	낚	핑	야	술	농	마	여	편	농	림
퍼	즐	술	구	도	권	핑	낚	구	게	진	킹	캠	편	봉
즐	동	휴	수	봉	기	구	마	진	핑	관	시	예	포	휴

사프란
감초
마늘
아니스
바닐라
계피
카르다몸
카레
양파

고수풀
커민
정향
달콤한
회향
생강
육두구
후추
소금

23 - Países #1

마	법	포	이	퍼	렵	모	핑	야	츠	예	스	편	마	림
법	이	시	물	구	구	로	츠	다	춤	스	원	퍼	농	춤
진	킹	핑	시	임	진	코	독	사	쁨	휴	봉	렵	술	투
재	파	나	마	츠	권	세	일	에	콰	도	르	그	캄	편
킹	춤	진	가	야	활	네	폴	법	캐	나	다	퍼	보	심
마	관	활	스	페	인	갈	란	동	활	편	구	이	디	림
동	쁨	시	구	낚	야	그	드	심	도	킹	농	핑	아	예
게	하	스	관	식	림	예	편	핑	퍼	림	게	야	리	하
서	식	렵	시	캠	가	브	엘	킹	인	구	구	원	탈	심
다	즐	말	농	마	구	과	라	카	니	도	크	라	이	게
서	킹	심	리	낚	서	게	스	질	기	쁨	렵	엘	웨	시
춤	투	투	기	독	트	집	이	하	기	스	술	수	르	휴
공	츠	진	봉	킹	렵	진	다	재	야	낚	농	네	노	낚
물	스	야	마	도	다	림	독	법	독	이	낚	베	권	권
술	퍼	핀	란	드	독	핑	예	구	낚	도	츠	서	진	츠

독일
브라질
캄보디아
캐나다
이집트
에콰도르
스페인
핀란드
이라크
이스라엘
이탈리아
인도
말리
모로코
니카라과
노르웨이
파나마
폴란드
세네갈
베네수엘라

24 - A Mídia

판	서	킹	퍼	투	하	광	렵	활	봉	포	다	식	뿜	여
예	통	기	퍼	뿜	포	오	고	심	활	수	마	도	퍼	법
동	신	가	수	봉	공	디	지	털	관	마	시	핑	법	동
물	공	농	시	권	뿜	라	권	공	이	심	캠	낚	봉	게
캠	서	퍼	즐	임	게	임	다	물	임	포	퍼	활	서	기
원	물	심	림	진	게	법	태	도	구	게	핑	퍼	로	컬
림	권	심	공	투	킹	법	술	핑	기	포	가	스	수	봉
여	즐	즐	수	하	뿜	게	마	동	권	뿜	술	게	다	법
봉	물	기	림	뿜	하	술	진	사	실	킹	원	그	춤	사
신	퍼	다	사	권	림	원	재	휴	자	금	조	달	포	임
야	문	지	적	인	개	텔	레	비	전	재	동	렵	편	렵
시	의	견	교	육	라	수	독	킹	술	법	봉	심	츠	하
즐	공	법	츠	관	편	온	식	공	원	그	법	기	다	도
관	공	편	원	회	로	망	즐	진	림	포	법	이	스	원
공	농	포	포	재	춤	시	활	도	이	림	원	산	업	야

태도
광고
통신
디지털
교육
사실
자금 조달
사진
개인
산업
지적인
신문
로컬
온라인
의견
공공의
라디오
회로망
텔레비전

25 - Casa

야	동	원	예	원	봉	임	포	도	낚	구	야	이	핑	이
차	고	동	술	원	게	이	정	원	비	가	춤	물	시	권
핑	그	관	독	샤	야	이	물	시	원	농	임	림	쁨	림
즐	츠	포	법	기	워	권	식	예	방	이	구	원	술	도
물	스	키	춤	휴	림	캠	낚	시	원	포	춤	시	츠	물
독	캠	공	캠	여	가	구	권	퍼	마	사	지	꼭	도	수
기	술	스	임	시	권	하	여	여	이	게	활	렵	서	도
시	퍼	마	가	심	편	동	독	수	휴	마	캠	핑	관	문
춤	츠	재	쁨	사	농	사	법	공	휴	봉	투	임	투	관
퍼	구	쁨	편	관	권	권	관	권	여	하	도	천	장	심
농	거	울	창	이	핑	서	공	츠	공	술	즐	쁨	재	도
농	림	부	벽	깔	개	캠	구	즐	마	춤	물	쁨	동	편
예	핑	억	즐	공	시	울	가	애	포	시	공	포	동	술
포	즐	도	난	로	커	튼	타	스	틱	관	포	식	다	하
포	렵	편	심	구	여	원	권	리	공	기	서	야	츠	권

도서관
울타리
샤워
커튼
부엌
거울
차고
정원
난로
가구
애틱
깔개
천장
수도꼭지

26 - Vegetais

킹	구	가	스	다	동	사	즐	야	낚	투	낚	임	심	다
재	버	섯	편	낚	원	예	캠	림	츠	양	파	마	림	서
파	임	수	뽐	림	휴	원	츠	포	춤	시	관	동	심	렵
슬	독	예	그	식	진	마	춤	공	도	공	재	다	예	가
리	여	서	동	다	하	하	재	도	동	수	사	서	이	관
임	봉	편	심	재	야	완	두	콩	심	권	활	도	구	핑
림	예	임	마	식	식	춤	관	관	사	춤	심	식	공	림
기	핑	임	렵	포	게	식	야	마	이	즐	심	시	게	샬
도	법	독	농	시	금	치	핑	시	늘	즐	즐	포	마	롯
그	뽐	진	농	아	티	초	크	토	마	토	활	봉	퍼	캠
기	퍼	수	식	츠	샐	러	드	오	이	재	서	캠	츠	재
게	감	호	순	무	권	스	심	림	농	브	이	스	독	게
킹	자	진	박	편	츠	재	그	생	퍼	독	로	하	이	식
핑	당	무	기	뽐	식	법	야	강	수	뽐	농	콜	가	지
게	근	활	수	셀	러	리	야	여	야	즐	낚	핑	리	퍼

호박
셀러리
아티초크
마늘
감자
가지
브로콜리
양파
당근
샬롯

버섯
완두콩
시금치
생강
순무
오이
샐러드
파슬리
토마토

27 - Balé

포	그	이	이	작	오	케	스	트	라	원	예	이	편	스
뽐	봉	서	진	사	곡	원	렵	관	활	야	캠	안	무	그
관	시	서	임	야	심	가	동	하	핑	독	독	술	낚	야
가	심	여	여	진	활	가	다	여	야	독	주	스	그	여
권	스	수	활	투	우	아	한	심	포	여	렵	그	연	습
핑	렵	독	하	낚	식	권	게	그	독	구	포	설	츠	구
사	야	림	그	구	이	동	사	렵	농	핑	박	물	허	서
독	기	식	동	동	캠	농	심	원	발	이	수	게	스	리
독	권	가	하	나	처	포	그	음	악	레	도	권	편	듬
진	도	스	일	타	스	킹	림	댄	캠	마	리	뽐	다	재
시	서	예	동	내	제	임	림	서	식	퍼	야	나	봉	권
마	낚	술	기	는	진	관	독	시	렵	강	법	공	가	심
다	가	적	이	예	그	권	서	여	청	렬	다	사	휴	원
근	육	마	활	도	즐	독	농	마	중	함	시	퍼	이	다
농	편	가	여	진	관	독	투	법	가	사	게	임	서	예

박수
예술적
발레리나
작곡가
안무
댄서
리허설
스타일
나타내는
제스처

우아한
강렬함
근육
음악
오케스트라
연습
청중
리듬
독주
기술

28 - Adjetivos #1

퍼	예	츠	완	기	림	투	뽐	권	즐	핑	임	야	야	핑
야	술	그	벽	수	스	캠	마	춤	가	야	서	즐	사	이
퍼	적	활	한	느	린	심	휴	이	관	킹	서	편	투	신
중	요	법	중	관	도	술	각	물	포	거	대	한	핑	비
사	다	렵	귀	츠	재	다	순	한	도	관	대	한	진	한
이	도	가	물	휴	무	거	운	수	식	춤	현	농	낚	즐
다	농	권	재	츠	진	춤	기	두	한	농	동	투	서	편
핑	이	편	가	서	수	법	가	즐	어	농	춤	다	이	봉
이	퍼	시	관	물	농	농	물	구	예	술	공	식	독	춤
캠	캠	기	림	뽐	편	낚	수	이	편	술	동	일	뽐	시
킹	활	재	봉	림	식	츠	투	휴	정	직	한	뽐	법	봉
마	술	관	킹	츠	진	그	얇	스	렵	기	야	법	사	뽐
큰	심	예	렵	야	권	스	은	이	서	춤	구	수	봉	림
매	력	적	인	적	국	이	활	스	시	이	사	예	식	공
방	향	족	봉	재	동	사	스	캠	봉	포	퍼	예	하	사

순수한
방향족
예술적
매력적인
거대한
어두운
이국적인
얇은
관대 한
정직한

동일
중요
느린
신비한
현대
완벽한
무거운
심각한
귀중한

29 - Insetos

서	구	춤	핑	투	퍼	림	식	야	렵	딱	기	스	활	하
즐	휴	퍼	야	킹	동	재	킹	수	재	정	휴	사	법	뺌
시	진	여	핑	예	시	원	렵	다	퍼	벌	매	마	킹	가
무	당	벌	레	나	방	봉	춤	게	공	레	미	귀	포	캠
림	원	술	기	여	휴	재	춤	서	휴	편	벼	룩	진	관
진	딧	물	잠	수	물	활	관	낚	사	하	모	기	마	뺌
식	흰	개	미	자	구	독	도	관	사	바	가	야	진	낚
여	서	낚	이	캠	리	그	예	서	이	퀴	권	물	마	구
사	이	다	동	봉	재	동	독	림	법	벌	농	여	즐	농
심	관	관	퍼	포	춤	원	예	기	춤	레	춤	투	봉	캠
즐	다	그	시	원	다	이	재	심	관	즐	도	그	여	야
게	원	메	뚜	기	봉	말	벌	렵	기	서	렵	구	이	개
진	렵	뺌	이	벌	퍼	포	츠	포	나	비	투	투	활	미
진	투	서	벌	레	임	독	기	진	다	활	다	유	휴	술
재	임	편	야	렵	술	시	수	수	핑	하	술	야	충	수

바퀴벌레
딱정벌레
나비
매미
흰개미
개미
메뚜기
무당벌레
유충
잠자리
사마귀
나방
벌레
모기
벼룩
진딧물
말벌

30 - Psicologia

시	스	포	낚	스	농	게	렵	도	식	무	예	즐	자	아
스	다	가	낚	원	동	핑	구	그	사	의	서	활	포	법
기	도	공	법	기	심	예	뻠	가	스	식	물	어	캠	관
투	평	가	야	사	뻠	그	재	갈	즐	인	관	린	독	이
꿈	서	포	권	원	활	야	식	등	인	예	스	시	수	킹
킹	공	임	림	공	서	림	시	가	격	퍼	각	절	서	게
뻠	도	동	공	휴	시	게	춤	춤	구	재	심	감	퍼	즐
현	공	예	휴	서	서	술	약	서	지	핑	퍼	휴	정	시
실	도	사	핑	공	시	생	속	게	각	기	활	기	킹	낚
다	휴	활	농	기	낚	각	춤	심	렵	영	향	스	야	물
진	여	편	식	권	예	임	상	가	림	사	이	권	퍼	식
공	동	투	독	춤	심	동	관	권	예	다	행	독	재	다
림	농	하	심	렵	게	투	가	뻠	휴	문	제	동	물	즐
구	춤	휴	휴	경	험	요	법	즐	봉	렵	낚	가	공	시
즐	게	물	포	핑	기	렵	편	캠	춤	예	농	뻠	춤	야

평가
임상
인식
행동
약속
갈등
자아
감정
경험
무의식

어린 시절
영향
생각
지각
인격
문제
현실
감각
요법

31 - Paisagens

활	마	술	예	활	진	여	다	휴	재	즐	스	츠	골	늪
렵	즐	도	수	사	여	술	다	게	킹	술	식	수	짜	반
빙	춤	식	구	렵	예	다	물	봉	즐	사	킹	이	기	도
하	봉	동	휴	농	독	서	투	농	농	즐	킹	핑	투	동
편	캠	편	재	시	활	렵	사	즐	폭	물	독	핑	사	즐
독	관	캠	뱀	이	식	동	진	막	포	물	츠	핑	마	림
언	덕	기	동	빙	산	스	심	여	물	스	관	도	그	사
관	구	게	굴	킹	권	공	진	동	포	대	토	동	이	캠
하	림	야	동	동	킹	권	산	편	다	양	낚	관	이	기
만	오	아	시	스	관	마	이	투	하	임	동	진	화	산
춤	권	퍼	휴	핑	바	다	여	도	여	포	스	게	게	법
강	관	원	가	편	사	법	편	퍼	그	원	활	술	진	농
편	스	술	식	기	하	여	예	기	임	이	권	포	섬	포
권	춤	해	변	호	수	수	낚	핑	도	활	원	봉	그	포
독	진	농	진	독	퍼	공	가	그	뱀	뱀	임	핑	림	권

폭포
동굴
언덕
사막
빙하
빙산
호수
바다
오아시스
대양
반도
해변
동토대
골짜기
화산

32 - Dança

공	동	심	독	킹	수	재	캠	춤	도	진	은	수	도	독
렵	감	정	심	휴	낚	사	휴	휴	뿜	임	혜	핑	도	캠
기	법	권	포	뿜	가	야	시	츠	캠	안	무	게	재	하
문	화	포	춤	츠	독	하	법	재	림	봉	서	독	술	핑
봉	식	스	여	봉	킹	술	원	독	하	도	킹	편	도	몸
물	구	포	킹	시	투	야	학	림	진	츠	농	권	법	이
가	봉	봉	워	임	진	즐	원	예	렵	심	원	야	낚	동
춤	야	재	시	각	사	포	편	렵	뿜	권	편	법	듬	뿜
낚	임	나	시	투	법	츠	재	파	음	수	자	휴	리	야
운	여	타	포	핑	스	고	전	트	사	악	세	수	허	림
거	동	내	여	핑	킹	봉	츠	너	편	독	도	법	설	도
즐	도	는	권	스	츠	심	서	진	사	물	농	심	포	관
전	통	적	예	포	하	원	편	농	렵	활	동	활	도	가
관	게	스	이	봉	여	츠	활	식	즐	관	농	예	술	동
도	공	가	사	투	사	낚	술	즐	시	투	술	낚	하	춤

학원
즐거운
예술
고전
안무
문화
감정
리허설
나타내는
은혜
운동
음악
파트너
자세
리듬
전통적
시각

33 - Nutrição

균	츠	영	여	관	구	액	체	하	봉	림	포	하	법	포
형	공	양	하	여	임	원	편	발	즐	가	재	농	스	시
잡	예	소	서	춤	칼	로	리	맛	효	포	농	가	춤	포
힌	비	식	퍼	독	술	독	춤	낚	수	스	물	하	무	게
심	타	투	이	농	동	휴	예	투	법	다	사	편	공	캠
하	민	원	시	공	투	뽐	관	공	퍼	핑	물	림	포	한
스	마	도	하	관	뽐	렵	퍼	편	게	스	봉	예	건	강
소	독	예	봉	법	기	포	렵	임	림	림	물	구	다	건
탄	화	시	츠	봉	구	하	이	게	여	여	구	술	츠	하
수	기	식	도	여	술	캠	편	쓴	관	동	다	포	스	스
화	가	스	서	임	활	하	핑	시	품	이	이	시	재	그
물	휴	춤	농	술	수	뽐	게	게	뽐	질	어	관	임	진
춤	도	투	심	가	술	낚	동	투	핑	백	트	식	여	가
용	임	여	뽐	그	즐	투	편	다	그	단	서	물	공	봉
식	욕	캠	심	뽐	기	시	공	진	공	핑	구	이	퍼	즐

식욕
칼로리
탄수화물
식용
다이어트
소화
균형 잡힌
발효
액체
소스
영양소
무게
단백질
품질
건강한
건강
독소
비타민

34 - Energia

수	가	산	다	환	춤	진	휴	이	도	시	휴	츠	다	편
스	광	업	전	농	경	투	기	태	물	춤	임	시	기	심
물	자	쁨	자	봉	시	모	터	양	원	권	쁨	림	퍼	림
활	권	캠	시	권	사	수	소	농	권	쁨	야	쁨	퍼	핵
구	포	낚	휴	가	야	법	스	킹	관	독	도	그	가	재
림	동	공	법	시	시	사	편	야	츠	재	즐	동	게	하
법	열	휴	서	식	서	권	동	가	물	연	료	식	캠	스
바	람	하	기	디	임	권	기	물	기	관	농	법	렵	여
여	엔	마	편	젤	이	야	독	시	가	기	동	포	권	관
재	트	빈	배	식	스	그	그	퍼	식	춤	관	춤	재	쁨
구	로	춤	터	임	사	스	렵	활	심	하	이	임	법	서
진	피	오	리	가	휴	림	그	게	임	재	이	진	포	퍼
재	스	관	염	솔	포	재	생	가	능	진	수	예	렵	쁨
쁨	다	그	권	린	도	재	즐	탄	스	그	도	가	그	킹
봉	권	농	시	진	춤	구	다	소	렵	킹	이	전	기	림

환경
배터리
탄소
연료
디젤
전기
전자
엔트로피
광자

가솔린
수소
산업
모터
오염
재생 가능
태양
터빈
바람

35 - Disciplinas Científicas

낚	봉	물	시	야	언	킹	편	뽐	공	즐	가	기	시	식
휴	시	물	공	림	어	예	공	림	야	그	심	림	임	그
농	게	농	기	권	학	물	광	그	다	독	농	도	진	마
시	춤	뽐	식	이	역	화	게	츠	물	여	여	하	시	권
림	예	면	진	농	열	구	생	봉	킹	심	리	학	물	동
도	야	역	식	물	학	해	서	구	식	포	퍼	리	기	재
캠	하	학	문	천	렵	부	그	핑	구	투	농	생	예	하
시	독	물	재	핑	물	농	서	퍼	관	편	심	재	활	이
하	편	생	킹	사	서	다	편	법	임	퍼	편	게	농	뽐
야	퍼	공	퍼	봉	뽐	기	술	이	봉	하	다	동	낚	이
게	심	하	기	원	핑	이	뽐	진	그	게	공	스	뽐	여
공	뽐	임	활	상	도	재	독	이	서	투	관	뽐	뽐	지
공	마	춤	휴	권	학	운	동	학	생	태	학	화	하	질
원	동	하	낚	투	경	회	포	고	관	원	핑	학	림	학
물	즐	스	다	춤	신	낚	사	고	춤	캠	투	권	심	림

해부
고고학
천문학
생물학
생화학
식물학
운동학
생태학
생리학
지질학
면역학
언어학
기상학
광물학
신경학
심리학
화학
사회학
열역학
동물학

36 - Meditação

마	음	가	음	휴	야	킹	렵	신	정	캠	렵	선	명	도
농	핑	르	악	여	원	농	심	주	의	감	춤	평	사	하
임	묵	침	스	봉	재	독	법	편	봉	구	사	화	게	투
림	법	심	임	임	캠	킹	깨	재	편	서	하	퍼	임	동
기	원	진	여	하	법	츠	어	서	게	야	뻠	재	캠	렵
마	수	핑	심	춤	핑	재	심	즐	원	활	츠	도	관	다
그	투	낚	자	세	생	각	진	휴	핑	하	스	수	기	퍼
예	관	점	스	수	마	진	물	활	권	하	예	뻠	츠	마
낚	원	임	림	렵	운	여	사	편	친	마	수	서	뻠	구
여	시	이	하	원	동	마	휴	식	절	여	락	투	권	핑
낚	퍼	그	츠	춤	도	야	야	예	뻠	편	마	민	스	즐
가	츠	임	임	관	술	예	퍼	진	예	원	자	연	서	퍼
동	술	구	예	캠	찰	시	이	낚	심	퍼	구	법	이	사
포	식	봉	봉	식	식	편	그	동	츠	법	임	관	포	심
진	림	킹	춤	여	핑	이	다	활	술	임	임	퍼	이	봉

수락
깨어
주의
친절
선명도
연민
감정
가르침
감사
정신
마음
운동
음악
자연
관찰
평화
생각
관점
자세
침묵

37 - Artes Visuais

공	권	낚	창	퍼	킹	구	심	심	시	수	렵	농	킹	서
재	화	핑	의	예	임	야	식	포	농	춤	킹	공	활	수
서	가	다	성	건	축	학	렵	활	수	이	스	텐	실	게
술	식	다	핑	재	초	상	화	공	식	식	낚	조	편	심
게	렵	관	킹	낚	뽐	츠	공	스	렵	게	재	포	각	법
이	진	뽐	사	스	수	동	뽐	예	공	활	도	캠	편	휴
활	도	휴	서	농	농	퍼	투	사	진	사	봉	독	춤	시
물	포	사	투	공	법	마	연	그	예	렵	수	예	렵	그
원	원	킹	도	술	물	관	필	스	원	물	핑	농	구	술
바	술	술	원	진	공	숯	시	스	시	원	독	동	성	권
니	마	분	농	게	필	펜	야	휴	편	도	기	기	림	관
시	편	필	서	예	름	밀	랍	서	도	즐	스	기	술	투
구	게	구	야	권	츠	식	게	농	마	렵	다	법	하	공
도	마	낚	농	걸	마	활	물	렵	점	관	원	시	야	춤
포	동	가	활	림	작	예	술	가	토	뽐	휴	공	휴	진

점토
건축학
예술가
화가
밀랍
도기
구성
창의성
조각

스텐실
필름
사진
분필
연필
걸작
관점
초상화
바니시

38 - Instrumentos Musicais

도	관	오	수	하	투	활	식	피	만	돌	린	올	이	바
트	롬	본	보	프	예	츠	사	아	법	시	농	휴	봉	뻠
루	임	핑	활	에	그	임	킹	노	술	스	활	권	심	포
플	법	법	낚	가	법	하	여	심	스	징	클	라	리	넷
도	그	포	식	여	뻠	포	이	심	재	탬	야	여	낚	심
뻠	수	여	마	바	순	임	하	여	그	버	수	타	악	기
색	활	술	림	농	진	렵	임	동	퍼	린	뻠	이	사	봉
소	첼	로	바	춤	마	낚	식	트	휴	퍼	식	법	기	춤
폰	마	관	렵	공	마	낚	캠	럼	동	게	구	이	휴	법
원	스	야	킹	술	하	서	춤	펫	술	핑	렵	원	춤	춤
즐	가	진	독	활	즐	츠	예	하	모	니	카	그	임	게
밴	서	츠	술	술	핑	가	마	심	다	농	권	츠	관	낚
하	조	구	활	야	킹	활	야	관	활	관	그	기	타	술
북	게	이	캠	퍼	공	이	퍼	도	츠	심	예	법	법	진
포	포	춤	임	휴	술	임	그	휴	재	포	임	원	임	수

만돌린
밴조
클라리넷
바순
플루트
하모니카
하프
마림바
오보에
탬버린
타악기
피아노
색소폰
트롬본
트럼펫
기타
바이올린
첼로

39 - Adjetivos #2

뺌	뺌	시	즐	마	수	스	가	사	우	가	이	기	뺌	흥
도	수	뺌	식	른	핑	심	관	사	아	야	츠	관	다	미
휴	식	심	재	원	킹	여	사	퍼	한	독	짠	캠	심	로
마	술	포	야	렵	킹	다	마	가	원	도	관	스	관	운
시	동	렵	심	동	식	이	게	권	그	유	편	순	수	한
즐	낚	낚	봉	게	다	관	이	원	영	명	원	물	그	여
핑	진	야	포	가	마	퍼	활	투	재	한	츠	공	물	캠
하	퍼	이	예	킹	퍼	이	여	생	야	뺌	춤	봉	독	이
하	서	도	림	예	서	여	츠	산	수	물	츠	물	독	물
새	책	임	야	사	서	이	캠	적	상	정	관	춤	독	즐
다	로	춤	권	재	원	운	활	인	사	물	통	핑	공	게
임	농	운	설	구	심	러	휴	심	투	시	농	임	사	퍼
진	창	뜨	명	임	사	스	캠	구	건	포	휴	렵	공	그
캠	조	거	예	사	낚	랑	권	임	포	강	구	활	재	킹
마	적	운	러	스	연	자	게	권	가	수	한	강	그	뺌

정통
창조적
설명
영재
우아한
유명한
강한
흥미로운
자연스러운
정상
새로운
자랑스러운
생산적인
순수한
뜨거운
책임
건강한
마른
야생

40 - Roupas

목	사	핑	진	캠	진	여	농	림	임	캠	편	재	킷	투
드	걸	구	여	술	퍼	관	식	농	사	장	갑	봉	하	법
레	핑	이	다	낚	술	식	양	츠	시	여	청	이	활	렵
스	구	시	렵	심	봉	스	말	렵	봉	기	바	야	관	농
심	두	진	농	패	시	동	여	동	핑	퍼	지	렵	춤	그
마	핑	편	츠	션	바	춤	독	캠	림	공	투	그	하	원
잠	옷	샌	들	이	림	지	농	치	마	모	자	림	술	낚
관	춤	춤	술	림	퍼	림	스	서	편	치	게	수	활	캠
팔	찌	봉	츠	휴	심	가	퍼	농	포	재	앞	재	사	캠
셔	뽐	권	스	우	라	블	휴	구	예	마	핑	낚	식	심
츠	관	물	웨	포	시	진	츠	킹	춤	농	벨	트	기	그
임	편	코	터	사	스	그	핑	권	원	법	렵	관	시	법
동	술	트	핑	스	수	독	원	스	하	사	마	이	법	킹
핑	캠	법	뽐	포	재	마	편	법	수	핑	림	편	공	농
임	캠	다	하	수	춤	투	재	가	스	게	심	독	권	활

앞치마
블라우스
바지
셔츠
코트
모자
벨트
목걸이
재킷
청바지
장갑
양말
패션
잠옷
팔찌
치마
샌들
구두
스웨터
드레스

41 - Herbalismo

관	퍼	하	유	익	한	마	스	식	여	수	포	법	활	투
성	권	킹	동	재	도	늘	림	휴	그	기	구	권	캠	즐
렵	분	독	즐	고	수	풀	법	서	심	권	캠	원	츠	농
공	공	렵	캠	핑	휴	낚	재	츠	곤	라	타	식	활	그
스	가	야	다	마	예	권	킹	사	술	벤	맛	진	가	캠
재	봉	공	춤	핑	품	질	구	즐	물	더	도	쁨	권	게
독	여	야	휴	낚	시	농	렵	춤	포	동	포	사	물	농
킹	그	법	마	그	츠	다	이	농	동	기	봉	포	킹	예
서	스	농	식	바	질	봉	기	핑	녹	림	정	원	편	퍼
람	춤	구	농	식	이	서	술	다	색	사	원	관	야	림
공	조	사	향	수	독	시	권	독	법	관	프	도	동	동
로	즈	마	리	슬	파	예	시	꽃	구	기	쁨	란	킹	원
다	이	도	백	회	향	야	서	핑	관	춤	휴	구	시	츠
농	임	낚	방	향	족	독	법	물	도	물	예	포	독	캠
림	예	야	봉	식	물	진	심	도	투	퍼	공	야	이	캠

사프란
로즈마리
마늘
방향족
유익한
고수풀
타라곤
회향
성분
정원
라벤더
바질
마조람
식물
품질
파슬리
백리향
녹색

42 - Arqueologia

원	스	뽐	뻐	교	춤	관	재	농	문	기	전	게	활	츠
사	마	관	하	동	수	이	임	임	시	명	문	즐	시	식
투	물	편	여	기	식	즐	예	스	여	휴	가	시	시	대
킹	동	여	술	농	림	포	수	권	킹	예	수	봉	법	재
물	심	핑	낚	편	캠	캠	즐	독	농	수	이	포	마	구
캠	농	식	낚	무	권	잊	활	봉	술	이	술	스	포	봉
뽐	수	도	뽐	덤	예	혀	다	임	독	휴	킹	후	수	화
공	원	수	식	퍼	술	진	이	다	스	동	하	시	손	석
림	기	림	절	재	뽐	재	재	그	술	게	임	캠	관	분
포	퍼	시	츠	연	구	원	이	시	이	술	물	동	즐	즐
동	농	즐	수	스	동	팀	사	물	재	평	관	도	춤	마
동	법	신	시	진	농	투	휴	독	농	가	활	기	하	사
스	농	비	예	공	법	포	다	유	림	공	진	츠	도	술
포	도	임	식	시	물	즐	게	물	수	뽐	뽐	퍼	독	원
킹	츠	서	예	퍼	사	기	예	휴	임	독	가	농	관	진

분석
평가
도기
문명
후손
시대
전문가
잊혀진
화석
연구원
신비
사물
교수
유물
무덤

43 - Esporte

골	츠	서	권	그	렵	임	킹	게	관	투	재	낚	가	독
하	가	퍼	임	하	시	영	양	술	춤	법	투	수	활	렵
다	권	법	이	그	여	물	게	임	림	건	강	도	림	술
술	농	투	농	최	춤	춤	사	림	시	관	핑	춤	여	다
능	기	술	서	게	대	다	게	렵	야	킹	하	스	즐	임
력	독	동	가	동	몸	화	농	림	뽐	뽐	진	즐	시	지
진	봉	낚	진	조	깅	식	봉	림	물	스	그	스	포	구
가	동	림	야	임	서	이	뽐	공	원	농	물	심	도	력
춤	편	가	봉	렵	캠	구	그	술	시	동	휴	예	마	즐
관	포	퍼	야	낚	다	활	렵	즐	편	농	이	캠	힘	캠
렵	링	프	로	그	램	야	서	게	즐	퍼	춤	투	활	게
다	클	재	농	권	편	심	포	여	술	재	권	휴	심	원
림	이	선	수	츠	게	코	도	춤	도	봉	심	사	휴	츠
뼈	사	어	가	포	근	치	하	이	이	그	사	포	그	사
포	칭	레	트	스	육	물	예	원	캠	진	투	스	권	킹

스트레칭
선수
능력
사이클링
다이어트
스포츠
조깅

최대화
근육
영양
프로그램
지구력
건강
코치

44 - Agronomia

사	성	핑	진	도	도	농	재	활	오	임	심	킹	수	핑
활	장	관	농	임	낚	퍼	마	원	염	임	스	농	편	식
캠	게	여	업	권	퍼	기	활	시	편	봉	렵	관	핑	심
다	림	예	법	봉	산	에	스	스	진	임	휴	기	진	진
캠	시	뽐	즐	공	진	생	너	템	춤	춤	킹	동	독	수
캠	물	그	식	이	구	태	하	지	뽐	활	낚	재	즐	농
공	독	활	도	스	법	학	킹	진	식	츠	관	기	편	관
서	즐	식	게	구	핑	권	포	식	물	여	하	핑	킹	킹
가	투	림	사	하	마	서	그	사	림	캠	킹	재	농	서
공	물	즐	구	수	농	시	림	야	재	하	독	서	촌	핑
관	원	휴	활	법	게	봉	기	킹	권	관	농	기	낚	하
시	낚	진	이	게	환	서	부	과	토	수	식	렵	휴	유
비	씨	앗	심	예	구	경	식	학	양	핑	질	식	춤	기
료	그	식	뽐	시	춤	봉	동	재	림	구	병	채	소	농
마	춤	지	속	가	능	한	휴	그	심	이	동	이	즐	기

농업
환경
과학
성장
질병
생태학
에너지
부식
비료
채소
유기농
식물
오염
생산
농촌
씨앗
시스템
토양
지속 가능한

45 - Frutas

무	하	법	스	게	동	권	레	라	법	하	핑	오	쁨	림
원	화	천	도	복	숭	아	몬	즈	독	구	이	렌	여	수
서	핑	과	카	이	편	숭	식	베	스	포	퍼	지	농	시
렵	진	사	보	봉	구	복	관	리	퍼	휴	공	관	동	권
구	시	서	아	원	임	퍼	렵	권	핑	하	봉	다	핑	동
물	술	공	마	즐	다	그	도	휴	낚	즐	하	서	시	진
권	망	고	식	구	편	심	스	츠	체	림	시	법	낚	가
서	츠	구	바	살	구	법	술	서	리	야	블	구	캠	술
기	즐	캠	나	사	봉	편	그	그	베	투	랙	농	낚	렵
예	마	구	나	그	즐	시	림	배	캠	권	베	투	마	마
스	임	포	기	도	키	위	법	포	이	그	리	수	공	임
심	다	동	물	활	기	림	원	수	관	야	파	파	휴	사
기	캠	캠	즐	수	활	퍼	퍼	낚	코	그	림	인	림	진
농	여	편	핑	츠	봉	재	포	도	관	코	퍼	낚	애	독
춤	공	동	수	사	하	낚	물	가	편	다	넛	캠	가	플

아보카도
파인애플
블랙베리
베리
바나나
체리
코코넛
살구
무화과
라즈베리

키위
오렌지
레몬
사과
파파야
망고
천도 복숭아
복숭아
포도

46 - Corpo Humano

권	춤	원	농	턱	퍼	진	관	스	활	도	법	투	재	진
코	활	농	귀	농	편	다	재	마	마	술	춤	손	가	락
팔	꿈	치	가	권	법	임	권	권	원	퍼	수	기	게	여
게	봉	게	봉	임	캠	농	법	심	퍼	뿜	즐	독	구	물
물	투	휴	구	편	법	예	편	서	핑	공	야	캠	스	포
뿜	낚	심	법	독	눈	예	임	시	림	물	부	진	도	휴
봉	이	스	마	동	마	재	즐	림	서	식	피	농	예	심
여	서	도	어	낚	야	즐	법	활	가	킹	시	시	수	임
발	목	재	깨	시	물	포	물	렵	술	편	원	술	포	법
캠	술	입	머	리	다	낚	도	물	기	진	술	서	목	휴
여	여	이	즐	심	게	봉	재	마	수	스	낚	림	구	관
무	하	구	여	식	식	동	가	가	킹	렵	기	관	농	캠
즐	릎	진	진	술	여	수	서	춤	낚	뇌	핑	공	봉	기
서	하	활	관	심	가	하	서	낚	독	공	이	마	포	권
독	투	다	투	렵	장	식	포	야	휴	스	휴	원	림	도

머리
심장
팔꿈치
손가락
무릎
입술
어깨
피부
다리
이마
발목

47 - Caminhada

물	낚	핑	휴	핑	즐	식	편	예	핑	공	피	권	진	독
시	낚	재	다	림	뽐	심	사	권	즐	진	곤	츠	캠	원
낚	봉	재	재	재	식	공	수	다	즐	게	한	물	도	식
다	춤	권	킹	원	가	원	이	츠	서	낚	투	림	즐	하
캠	임	관	낚	시	뽐	법	원	킹	이	렵	낚	스	야	관
게	날	씨	자	연	가	진	법	가	츠	사	원	활	심	생
렵	심	식	심	편	뽐	봉	임	험	돌	도	가	하	휴	킹
동	기	후	부	하	물	원	정	위	산	서	태	양	포	뽐
권	핑	뽐	츠	구	뽐	원	진	편	핑	스	츠	봉	임	다
스	봉	츠	춤	봉	퍼	가	예	도	수	예	무	여	시	그
하	동	기	퍼	사	렵	편	동	하	서	츠	거	서	시	핑
심	춤	원	기	여	마	수	게	물	물	림	운	캠	예	농
낚	춤	준	비	포	투	킹	재	시	캠	동	낚	동	핑	시
게	사	츠	그	그	핑	활	사	기	지	러	떠	낭	술	예
투	스	독	뽐	권	츠	수	봉	여	도	법	가	이	드	서

캠핑
동물
부츠
피곤한
기후
가이드
지도
자연
정위

공원
낭떠러지
위험
무거운
준비
야생
태양
날씨

48 - Biologia

공	하	게	편	동	게	신	경	하	수	게	츠	춤	낚	마
기	생	림	파	효	독	농	활	법	농	캠	마	마	도	렵
스	봉	스	충	소	심	캠	투	하	즐	뉴	법	투	낚	술
공	진	즐	류	킹	농	휴	권	림	츠	예	런	염	사	게
편	콜	라	겐	휴	킹	뽐	투	법	봉	휴	공	핑	색	시
심	편	농	낚	구	츠	가	다	뽐	사	도	봉	사	스	체
기	예	휴	림	마	가	서	사	기	권	킹	자	뽐	술	서
단	백	질	다	낚	편	포	가	캠	이	변	연	돌	사	킹
츠	시	다	진	캠	즐	유	심	예	휴	봉	스	렵	농	구
삼	냅	스	수	사	캠	류	낚	술	림	여	러	광	합	성
투	스	해	다	봉	투	포	원	원	휴	다	운	가	투	진
휴	활	부	법	휴	진	화	공	낚	셀	법	봉	예	술	퍼
호	르	몬	스	술	관	휴	재	심	진	예	원	야	여	농
킹	핑	활	서	재	물	기	공	원	스	휴	낚	구	이	진
이	배	아	리	테	박	야	뽐	재	여	포	수	다	관	여

해부
박테리아
콜라겐
염색체
배아
효소
진화
광합성
호르몬
포유류
돌연변이
자연스러운
신경
뉴런
삼투
단백질
파충류
공생
시냅스

49 - Beleza

뻠	서	예	핑	즐	예	은	우	아	한	독	낚	투	사	권
이	편	법	마	독	공	투	혜	우	진	게	활	게	물	관
야	술	식	진	스	활	공	그	즐	야	동	구	문	샴	봉
관	관	투	포	포	카	물	공	뻠	법	낚	그	장	푸	여
관	사	봉	진	토	포	라	서	술	춤	포	위	가	게	관
게	여	농	품	제	법	즐	동	편	독	캠	원	유	법	서
렵	식	다	장	닉	매	력	서	휴	야	림	농	화	게	렵
춤	심	시	화	게	그	즐	투	이	야	핑	술	활	낚	마
농	농	물	술	도	물	서	향	기	가	게	포	퍼	물	봉
츠	다	포	하	거	이	비	하	매	색	낚	츠	킹	법	렵
여	가	휴	서	울	휴	스	관	여	끄	공	렵	술	여	봉
봉	편	권	포	휴	포	농	그	마	식	러	서	스	투	편
술	식	수	포	이	게	심	진	투	예	렵	운	독	서	스
심	그	예	게	심	시	캠	스	수	편	사	활	심	다	스
독	식	피	부	농	휴	수	휴	즐	재	마	립	스	틱	킹

립스틱
매력
화장품
우아한
우아
거울
문장가
포토제닉
향기
은혜
유화
피부
제품
마스카라
서비스
매끄러운
가위
샴푸

50 - Filantropia

킹	즐	프	활	재	봉	핑	커	예	식	원	그	진	시	여
어	벌	로	글	법	림	원	캠	뮤	낚	금	융	독	즐	편
린	룹	그	하	재	시	춤	기	예	니	시	정	직	도	전
이	식	램	선	자	금	공	공	의	진	티	사	람	들	낚
렵	츠	뽐	농	구	이	연	원	독	퍼	서	권	활	포	시
활	예	킹	물	포	예	락	물	뽐	마	동	동	야	봉	뽐
시	권	구	활	뽐	관	처	원	수	스	진	퍼	권	재	물
캠	권	여	하	농	역	명	활	공	마	봉	휴	구	가	서
즐	렵	목	술	야	활	사	청	여	술	법	독	봉	권	렵
여	권	표	즐	이	독	재	소	야	킹	다	술	그	림	식
투	봉	마	퍼	공	낚	예	년	낚	뽐	그	필	투	게	즐
퍼	가	시	농	수	공	법	구	물	캠	물	요	게	예	권
활	낚	휴	핑	관	재	캠	공	동	뽐	도	포	진	뽐	스
시	스	심	독	핑	대	활	공	사	공	캠	이	편	동	포
마	휴	인	류	핑	여	동	게	도	다	구	여	시	낚	림

자선
커뮤니티
연락처
어린이
도전
금융
자금
관대
글로벌
그룹
역사
정직
인류
청소년
사명
필요
목표
사람들
프로그램
공공의

51 - Ecologia

플	캠	사	심	핑	뽐	종	류	즐	렵	원	자	휴	사	심
로	원	식	야	야	서	캠	임	도	술	물	연	기	습	수
라	야	핑	낚	퍼	수	기	야	투	사	법	스	자	지	서
법	포	퍼	이	킹	술	관	식	편	핑	구	러	가	뭄	식
림	식	여	서	캠	림	기	포	여	림	낚	운	가	스	지
서	마	킹	구	투	렵	후	서	포	물	투	독	임	동	임
편	휴	기	서	스	활	그	편	킹	킹	즐	농	이	캠	캠
가	선	박	포	관	동	동	권	식	다	독	심	사	독	임
물	술	캠	임	독	스	글	로	벌	춤	도	포	포	수	여
하	킹	생	다	양	성	커	게	활	군	게	동	핑	퍼	재
권	공	존	렵	게	다	하	뮤	식	물	뽐	지	식	농	렵
사	킹	수	투	독	원	여	임	니	동	물	속	구	권	기
활	동	림	휴	뽐	림	투	가	렵	티	렵	가	산	캠	편
가	여	독	동	독	그	가	수	농	가	구	능	춤	농	수
마	식	휴	봉	술	휴	스	수	공	수	기	한	초	목	임

기후
커뮤니티
다양성
동물군
플로라
글로벌
서식지
선박
자연스러운
자연
습지
식물
자원
가뭄
생존
지속 가능한
종류
초목

52 - Família

활	부	임	편	농	남	식	농	원	모	성	게	핑	가	법
기	스	계	삼	관	편	공	렵	법	물	기	렵	가	춤	형
진	즐	사	촌	휴	다	춤	여	활	림	니	머	할	권	식
활	사	권	캠	투	낚	심	서	활	캠	머	도	진	뽐	낚
핑	퍼	이	야	구	림	서	술	포	기	어	서	법	활	권
예	휴	핑	구	림	츠	스	권	시	킹	린	그	이	임	술
어	린	시	절	여	예	가	도	휴	림	이	농	여	낚	예
퍼	관	캠	심	아	이	림	킹	킹	편	춤	물	기	하	다
시	동	식	렵	예	가	다	렵	기	렵	사	아	내	예	공
서	공	아	버	지	뽐	식	편	동	뽐	림	촌	딸	권	임
시	스	물	심	츠	이	자	다	예	공	식	다	게	공	킹
핑	투	임	봉	투	모	매	시	식	동	동	농	원	스	낚
퍼	퍼	손	독	편	투	즐	조	카	딸	동	권	스	권	야
서	기	자	활	임	가	림	선	공	조	구	진	스	진	재
게	게	즐	심	시	게	낚	야	시	그	즐	킹	물	편	렵

선조
할머니
아이
어린이
아내
어린 시절
자매
남편
모성
어머니
손자
아버지
부계
사촌
조카딸
조카
이모
삼촌

53 - Férias #2

외	시	법	시	가	관	킹	시	투	구	텐	낚	마	편	기
하	국	여	춤	포	호	농	캠	퍼	투	트	츠	다	독	도
예	렵	인	휴	전	세	텔	렵	도	물	쁨	가	목	적	지
원	서	구	일	게	림	재	퍼	즐	법	권	여	킹	편	구
진	공	킹	동	츠	그	림	기	구	공	수	휴	행	렵	킹
그	가	심	동	권	예	법	원	구	식	법	사	해	즐	퍼
여	춤	사	바	서	비	임	핑	이	츠	심	핑	변	식	당
가	재	마	다	봉	자	서	공	사	낚	포	원	원	낚	킹
가	관	수	심	수	임	법	마	물	포	야	춤	식	서	섬
진	법	이	동	즐	도	킹	그	춤	진	독	마	재	관	렵
그	물	사	킹	포	구	관	구	즐	권	기	츠	림	캠	권
기	쁨	투	심	스	기	림	게	림	핑	활	권	공	항	게
사	진	서	퍼	스	물	낚	춤	택	교	통	야	심	여	포
농	봉	게	기	진	도	캠	임	시	서	마	게	투	핑	그
심	그	서	다	원	포	임	스	투	낚	낚	동	공	시	산

공항
목적지
외국인
휴일
사진
호텔
여가
지도
바다

여권
해변
전세
식당
택시
텐트
교통
여행
비자

54 - Edifícios

캠	경	동	병	이	진	투	사	수	이	서	기	사	편	박
가	기	실	원	학	교	원	수	뽐	법	시	렵	사	렵	물
공	장	극	험	핑	차	야	여	츠	츠	농	아	파	트	관
림	공	하	임	실	고	서	게	농	진	원	여	하	농	동
활	편	임	하	핑	구	포	수	캠	야	술	투	이	춤	재
농	권	심	공	예	그	사	호	텔	슈	텐	서	물	심	즐
임	림	퍼	도	시	원	하	수	사	퍼	트	농	야	봉	봉
그	활	그	츠	즐	퍼	원	물	캠	마	춤	퍼	이	도	춤
스	가	진	즐	식	대	츠	심	즐	켓	대	이	퍼	권	탑
독	관	독	투	휴	사	츠	동	공	림	학	림	도	다	성
그	캠	재	공	원	관	낚	편	다	봉	도	도	물	포	봉
임	예	농	영	편	전	포	독	츠	구	다	이	그	가	킹
이	기	낚	화	법	망	림	서	가	캠	뽐	다	휴	춤	법
츠	퍼	헛	춤	술	대	하	농	장	원	공	농	기	구	시
공	서	심	간	공	뽐	캠	가	림	식	포	공	렵	뽐	림

아파트
헛간
영화
대사관
학교
경기장
농장
공장
차고

병원
호텔
실험실
박물관
전망대
슈퍼마켓
극장
텐트
대학

55 - Aventura

킹	그	서	서	마	법	진	렵	츠	목	법	낚	그	안	전
캠	도	법	원	렵	도	독	기	게	적	휴	예	놀	투	도
재	동	야	농	사	즐	캠	스	쁨	지	자	연	라	공	심
특	이	한	공	핑	물	가	권	공	여	다	기	운	그	낚
농	마	캠	기	포	예	서	활	캠	야	농	회	그	게	진
농	즐	기	술	낚	퍼	봉	일	즐	캠	낚	농	동	핑	식
사	권	새	로	운	원	소	정	게	게	권	동	하	투	원
핑	킹	투	캠	위	재	풍	항	해	임	여	림	포	츠	림
원	마	포	봉	츠	험	렵	임	여	야	독	봉	동	투	술
도	쁨	독	렵	하	친	한	그	쁨	용	서	관	법	츠	독
휴	구	봉	독	관	구	낚	게	시	감	춤	물	심	심	수
열	광	진	재	재	핑	그	하	하	다	편	독	림	휴	게
진	킹	구	마	춤	어	킹	권	준	낚	진	활	수	퍼	시
수	쁨	봉	식	물	쁨	려	원	비	킹	활	동	즐	휴	포
쁨	봉	하	진	독	수	게	움	다	름	아	임	권	춤	림

기쁨
친구
활동
아름다움
용감
기회
도전
목적지
어려움
열광

소풍
특이한
일정
자연
항해
새로운
위험한
준비
안전
놀라운

56 - Floresta Tropical

투	캠	수	여	봉	야	동	법	하	휴	스	기	관	조	가
기	수	투	핑	식	물	재	권	원	스	식	후	포	기	류
쁨	활	다	술	그	농	술	농	서	여	림	예	유	관	캠
다	퍼	포	양	식	여	종	퍼	임	수	하	렵	류	심	즐
포	동	츠	동	성	포	게	림	커	시	편	퍼	여	시	수
예	농	수	활	렵	존	한	이	뮤	곤	충	봉	심	하	이
투	심	농	시	재	생	중	끼	니	낚	그	이	밀	심	양
퍼	임	포	도	림	캠	귀	독	티	술	렵	그	림	낚	서
술	킹	게	퍼	편	관	휴	야	킹	구	법	활	편	피	류
림	캠	여	도	퍼	편	사	쁨	공	이	재	투	여	난	동
렵	이	자	연	킹	서	물	포	도	퍼	퍼	시	하	휴	사
사	쁨	다	여	공	게	편	법	마	림	기	권	구	공	법
가	활	사	즐	투	렵	심	술	활	낚	도	낚	렵	야	심
이	봉	구	활	활	다	춤	복	봉	퍼	휴	캠	가	스	독
즐	식	법	독	보	존	름	구	그	시	퍼	식	진	재	핑

양서류
식물
기후
커뮤니티
다양성
곤충
포유류
이끼
자연
구름
조류
보존
피난
존중
복구
밀림
생존
귀중한

57 - Cidade

권	핑	핑	편	경	킹	포	야	마	서	점	킹	하	사	술
수	구	휴	농	이	기	캠	춤	하	게	츠	재	서	도	이
농	영	게	봉	은	식	장	예	춤	식	당	사	시	술	츠
수	화	낚	즐	행	시	장	독	식	기	슈	퍼	마	켓	캠
편	포	킹	관	권	식	극	장	살	도	서	관	시	츠	게
동	휴	캠	핑	하	렵	렵	활	롱	구	즐	독	법	낚	원
학	플	게	춤	킹	약	국	야	진	예	렵	물	마	진	스
대	교	로	관	야	식	구	투	편	술	구	공	항	구	예
쁨	공	빵	리	법	진	다	스	퍼	재	핑	구	마	원	진
도	게	집	러	스	쁨	야	진	휴	포	진	원	물	원	야
여	림	예	갤	권	트	하	도	기	원	춤	림	동	재	이
술	이	퍼	퍼	편	퍼	킹	예	이	즐	즐	수	법	동	춤
캠	법	심	퍼	하	독	마	박	원	림	포	봉	스	야	활
물	호	텔	마	시	츠	원	물	동	술	투	여	낚	농	봉
재	농	식	시	야	사	기	관	서	핑	여	시	술	시	렵

공항
은행
도서관
영화
학교
경기장
약국
플로리스트
갤러리
호텔
동물원
서점
시장
박물관
빵집
식당
살롱
슈퍼마켓
극장
대학

58 - Música

재	물	가	수	마	다	춤	포	핑	예	서	물	수	편	관
야	하	사	다	이	관	권	예	속	음	악	가	예	킹	구
림	뽐	하	수	크	렵	법	즐	여	도	조	권	하	포	시
동	재	구	마	마	킹	원	렵	민	요	화	야	스	독	재
뮤	지	컬	술	예	진	다	렵	권	심	진	춤	야	야	렵
츠	법	서	림	동	리	합	투	심	낚	마	즐	임	술	핑
츠	편	봉	포	투	듬	창	동	휴	농	가	독	임	권	즐
예	다	노	고	츠	하	캠	춤	구	림	기	다	림	퍼	킹
구	편	그	래	전	하	구	야	투	농	가	법	림	오	서
시	츠	춤	사	심	봉	마	술	렵	포	사	이	원	페	뽐
핑	즐	가	임	물	원	시	보	컬	낚	퍼	앨	범	라	예
킹	심	게	재	수	다	적	식	기	악	기	물	이	그	츠
이	식	낚	원	낚	핑	정	멜	캠	투	캠	동	원	동	하
봉	하	편	녹	음	하	서	로	으	적	흥	즉	핑	수	그
마	휴	스	활	낚	활	낚	디	기	림	임	권	활	독	식

앨범
민요
노래
가수
고전
합창
녹음
조화
즉흥적으로
악기
서정적
멜로디
마이크
뮤지컬
음악가
오페라
시적
리듬
속도
보컬

59 - Matemática

평	지	사	이	퍼	투	사	춤	낚	음	휴	술	핑	예	투
춤	행	름	지	반	시	퍼	이	투	량	각	투	편	봉	퍼
캠	평	사	게	관	진	춤	이	투	농	도	농	뽑	사	수
수	동	포	변	동	삼	즐	식	공	가	포	공	가	서	동
여	관	수	여	형	각	사	정	구	예	관	게	하	물	관
핑	이	둘	레	각	형	관	방	하	포	시	봉	퍼	편	독
뽑	봉	낚	봉	다	하	직	사	각	형	숫	이	포	농	권
멱	법	그	가	렵	예	식	투	마	동	자	대	칭	스	하
지	시	핑	야	퍼	식	서	킹	포	기	퍼	수	스	킹	수
수	스	그	낚	뽑	기	봉	법	이	킹	구	스	진	권	하
분	가	야	즐	재	포	춤	법	진	농	가	동	법	다	다
이	이	게	서	시	동	이	임	재	포	심	활	휴	구	휴
투	스	시	식	캠	관	십	휴	다	법	투	춤	봉	임	기
퍼	술	예	수	산	스	법	진	다	동	독	도	사	농	투
기	하	학	직	원	예	스	심	수	포	사	술	스	권	퍼

산수
각도
둘레
십진수
지름
방정식
멱지수
분수
기하학
숫자
평행
평행사변형
수직
다각형
정사각형
반지름
직사각형
대칭
삼각형
음량

60 - Saúde e Bem Estar #1

서	다	습	관	림	임	박	렵	자	원	편	포	공	약	국
심	권	진	법	투	하	테	가	활	세	캠	낚	춤	다	낚
킹	시	서	예	뽐	서	리	시	동	예	캠	이	핑	스	즐
농	이	낚	투	골	절	아	독	적	의	반	사	진	서	농
림	수	법	권	야	포	캠	치	인	사	스	진	료	구	다
독	포	심	편	봉	스	공	즐	료	마	임	휴	소	도	예
야	휴	포	동	다	피	부	킹	도	물	사	핑	휴	술	투
요	법	뽐	식	게	재	즐	관	마	공	이	렵	식	신	경
다	이	가	가	렵	포	동	임	즐	봉	원	사	핑	공	활
활	스	이	스	그	킹	식	재	여	춤	핑	굶	주	림	구
구	봉	츠	임	권	봉	법	식	그	법	마	뼈	투	임	편
시	심	재	독	임	독	도	식	호	즐	법	임	킹	휴	캠
임	마	키	바	이	러	스	동	르	수	이	권	공	사	봉
진	킹	진	법	렵	여	여	수	몬	킹	술	예	예	관	다
휴	구	렵	봉	공	공	렵	활	뽐	핑	가	그	동	마	낚

활동적인
박테리아
진료소
의사
약국
굶주림
골절
습관
호르몬
신경
피부
자세
반사
휴식
요법
치료
바이러스

61 - Imigração

가	식	봉	물	포	킹	사	편	핑	예	하	마	상	황	즐
캠	휴	스	다	성	인	진	낚	그	수	여	낚	편	관	서
야	프	자	금	조	달	도	스	시	야	시	낚	츠	술	류
야	림	로	기	다	하	농	트	이	주	승	인	동	동	가
도	봉	퍼	세	보	호	독	레	법	택	캠	가	여	기	캠
렵	심	동	활	스	진	심	스	핑	투	게	임	그	츠	권
심	야	재	여	예	스	서	언	어	뿜	야	마	이	다	도
술	독	낚	캠	독	편	장	교	그	예	마	임	츠	그	캠
진	시	권	핑	봉	가	술	춤	사	식	농	림	관	기	구
심	여	츠	서	동	가	식	렵	봉	낚	마	통	신	공	수
스	테	야	퍼	구	농	핑	임	법	독	봉	독	봉	관	권
게	권	두	임	여	수	재	기	서	캠	관	춤	마	그	봉
스	춤	구	리	이	관	이	킹	마	예	활	기	킹	사	심
즐	뿜	춤	구	관	어	린	이	해	결	책	퍼	그	협	상
림	사	림	즐	시	수	즐	예	스	이	식	사	마	사	즐

관리
성인
승인
통신
어린이
서류
스트레스
자금 조달
테두리
주택
언어
협상
장교
프로세스
보호
상황
해결책

62 - Natureza

물	물	권	마	즐	임	수	술	사	북	극	구	야	춤	재
휴	츠	스	식	여	이	꿀	포	사	막	농	름	스	림	낚
구	성	춤	재	숲	권	츠	벌	잎	동	열	편	투	시	평
재	진	역	고	요	한	산	서	법	물	대	뻠	뻠	심	화
임	법	킹	츠	낚	뻠	렵	동	활	기	원	여	빙	하	로
심	서	기	재	원	이	츠	적	하	동	관	야	이	물	운
낚	편	즐	렵	게	활	렵	시	공	핑	핑	수	기	투	사
마	림	공	춤	독	사	캠	임	림	활	부	야	생	수	물
뻠	관	술	동	수	임	포	즐	서	권	식	다	재	기	야
이	원	퍼	그	여	술	킹	여	식	물	임	휴	림	캠	예
게	공	렵	츠	아	림	즐	봉	마	캠	서	도	식	하	즐
그	진	수	마	봉	름	예	강	재	림	활	법	서	공	시
술	낚	봉	림	뻠	봉	다	림	마	스	기	농	캠	게	가
휴	술	봉	관	스	캠	식	움	게	포	야	임	식	농	수
기	예	봉	안	개	춤	편	가	시	렵	임	낚	물	투	즐

꿀벌
동물
북극
아름다움
사막
동적
부식
빙하
안개
구름
평화로운
성역
야생
고요한
열대

63 - Doença

핑	여	휴	수	호	가	군	렵	임	이	시	킹	도	서	몸
복	유	핑	심	흡	캠	뻐	후	염	물	기	핑	심	장	다
부	전	유	스	기	르	레	알	증	퍼	마	재	그	낚	술
게	적	권	서	급	성	임	하	심	시	공	춤	동	권	편
츠	휴	동	활	수	킹	약	한	독	하	법	하	법	이	그
식	농	게	가	그	퍼	법	시	낚	츠	춤	공	하	그	권
캠	즐	법	권	임	동	요	마	시	시	임	동	재	퍼	시
가	포	야	핑	만	성	권	추	편	면	물	즐	가	여	투
뻠	진	렵	휴	하	다	술	휴	물	역	심	원	활	휴	진
건	강	동	마	식	관	림	즐	편	봉	관	시	수	하	봉
게	스	도	원	그	임	그	이	기	퍼	휴	구	게	기	동
임	재	임	폐	포	춤	여	구	농	즐	수	농	식	그	스
임	춤	편	활	낚	심	농	관	공	즐	식	게	킹	심	스
동	물	관	핑	사	진	림	권	여	예	렵	이	야	사	농
기	물	다	물	사	마	킹	야	동	임	예	츠	퍼	그	도

복부
급성
알레르기
심장
만성
약한
유전적
유전

면역
염증
요추
호흡기
건강
공동
증후군
요법

64 - Aquecimento Global

독	렵	다	권	관	이	퍼	활	서	가	여	구	과	학	자
하	물	심	킹	독	여	츠	여	예	야	시	림	재	원	여
농	술	이	가	게	시	심	여	동	퍼	미	래	동	게	활
포	원	투	그	서	여	심	렵	관	기	동	농	포	원	원
스	정	부	춤	사	낚	예	봉	휴	사	물	세	대	활	하
지	금	서	야	다	관	기	즐	원	주	의	츠	기	츠	농
너	기	가	스	스	킹	인	산	업	포	환	기	후	공	그
에	투	원	그	관	농	춤	구	뽐	츠	하	경	포	예	시
예	포	마	그	여	서	마	관	활	다	수	즐	투	술	심
야	법	림	포	원	즐	시	편	시	물	구	재	휴	수	가
관	포	공	퍼	법	동	사	도	관	림	온	도	렵	휴	국
그	다	구	츠	데	이	터	심	결	과	수	휴	휴	렵	제
입	즐	다	포	마	구	사	킹	예	림	권	식	동	북	마
법	기	가	그	킹	도	관	가	편	게	하	구	농	기	극
편	이	림	법	여	다	진	개	발	위	기	춤	퍼	포	이

지금
환경
주의
북극
과학자
기후
결과
위기
데이터
개발

에너지
미래
가스
세대
정부
산업
국제
입법
인구
온도

65 - Aviões

임	쁨	권	원	마	수	엔	퍼	투	렵	렵	법	사	캠	츠
포	농	구	원	식	난	진	분	위	기	핑	예	동	독	캠
스	즐	츠	조	서	기	물	재	가	공	농	휴	심	수	츠
투	투	야	고	종	류	기	예	림	공	마	츠	술	소	게
풍	법	이	도	법	사	역	착	캠	권	춤	물	활	예	게
승	선	농	구	편	봉	여	륙	권	법	그	포	술	쁨	쁨
무	다	츠	투	동	술	퍼	가	투	법	스	편	연	술	낚
원	림	게	사	포	렵	가	서	이	퍼	캠	캠	물	료	봉
쁨	기	술	권	동	활	그	츠	킹	건	쁨	핑	구	법	재
법	공	방	향	퍼	도	여	봉	쁨	설	야	서	모	예	즐
마	예	구	키	관	수	봉	농	림	봉	활	츠	험	관	림
봉	편	핑	이	하	그	수	권	스	독	게	춤	다	탐	색
투	진	쁨	낚	식	야	가	원	마	구	기	마	다	승	포
춤	늘	하	렵	독	식	쁨	식	예	하	캠	서	렵	객	술
낚	식	강	휴	퍼	사	독	임	수	포	렵	농	기	원	다

고도
공기
착륙
분위기
모험
풍선
하늘
연료
건설
하강

방향
수소
역사
엔진
탐색
승객
조종사
승무원
난기류

66 - Tipos de Cabelo

다	시	도	심	이	하	수	임	농	낚	독	농	물	부	독
렵	핑	포	진	식	스	활	도	관	야	그	마	법	드	구
낚	물	블	사	하	즐	원	그	예	스	관	법	퍼	러	가
곱	슬	랙	재	공	마	휴	츠	하	다	사	투	이	운	공
핑	건	강	한	렵	른	빛	나	는	재	원	야	스	게	포
재	휴	사	핑	여	휴	편	원	게	낚	원	원	하	가	캠
예	수	임	권	기	활	이	마	예	꾼	권	갈	야	얀	수
렵	짧	은	농	야	활	쁨	이	기	마	휴	농	색	회	핑
독	쁨	다	물	동	식	임	서	동	기	활	원	여	긴	활
권	게	시	림	하	기	여	시	춤	사	마	렵	시	법	권
기	투	두	꺼	운	킹	시	원	마	킹	기	그	하	서	야
임	포	즐	수	띠	퍼	편	다	독	도	편	권	여	킹	술
은	법	마	림	리	권	퍼	진	독	식	사	퍼	독	핑	게
가	쁨	림	대	머	리	기	이	법	휴	원	수	물	핑	스
농	게	스	츠	시	얇	은	동	스	야	쁨	금	발	다	봉

하얀
빛나는
대머리
회색
짧은
곱슬
얇은
두꺼운
금발
갈색
블랙
건강한
마른
부드러운
머리띠

67 - Formas

투	편	원	여	심	다	활	정	재	이	농	직	봉	프	여
모	농	여	킹	동	여	봉	사	활	재	구	사	동	리	원
투	서	술	쌍	곡	선	구	각	구	곡	뼘	각	물	즘	예
독	활	리	피	라	미	드	형	렵	수	선	형	원	타	동
타	원	포	술	즐	뼘	법	각	낚	재	춤	각	휴	도	원
구	서	원	예	사	편	포	삼	뼘	재	휴	다	독	농	뿔
여	측	면	뼘	그	여	렵	림	퍼	진	농	물	춤	구	기
즐	렵	봉	하	스	다	휴	하	츠	독	시	퍼	법	동	즐
포	렵	그	림	수	농	호	공	동	선	예	핑	스	임	여
낚	낚	물	림	렵	가	독	핑	동	관	권	식	권	뼘	술
권	렵	봉	봉	법	다	서	구	체	림	야	림	림	즐	그
킹	독	게	활	식	이	예	독	원	술	킹	동	수	술	봉
다	진	봉	심	하	법	도	휴	원	활	즐	가	편	진	그
실	린	더	다	식	재	낚	휴	수	춤	권	활	뼘	그	구
즐	서	마	재	게	관	입	방	체	구	진	킹	식	시	편

모서리
실린더
원뿔
입방체
곡선
타원
구체
쌍곡선

측면
타원형
피라미드
다각형
프리즘
정사각형
직사각형
삼각형

68 - Criatividade

식	원	게	편	상	캠	이	즐	권	렵	구	렵	춤	림	진
원	농	핑	야	상	인	그	활	봉	시	춤	임	재	포	서
원	재	상	영	력	활	구	예	킹	편	낚	렵	서	게	식
권	독	정	감	법	활	활	포	선	공	권	퍼	권	봉	원
예	술	적	낚	츠	자	여	활	사	명	여	도	다	뽐	게
림	극	적	인	물	춤	발	편	재	발	도	캠	서	사	확
원	마	서	킹	농	스	여	적	재	시	이	도	스	시	실
재	물	법	휴	원	스	사	식	인	야	기	임	공	휴	성
춤	도	포	강	림	핑	도	임	원	즐	이	법	츠	농	기
법	술	하	렬	봉	야	봉	동	식	다	기	즐	그	게	수
뽐	관	야	함	가	낚	시	즐	관	농	기	임	활	술	농
도	낚	활	기	술	감	각	직	야	킹	게	야	춤	술	스
수	킹	서	관	예	임	야	관	법	츠	야	술	킹	사	동
즐	휴	권	춤	즐	뽐	진	야	게	도	비	즐	스	술	재
유	동	성	임	활	물	마	식	캠	춤	전	츠	물	수	하

예술적
확실성
선명도
극적인
감정
자발적인
유동성
기술
영상
상상력
인상
영감
강렬함
직관
발명
감각
비전
활력

69 - Saúde e Bem Estar #2

물	뽐	다	춤	활	농	무	가	예	기	진	피	뽐	구	마
병	관	낚	이	하	해	게	마	낚	권	포	가	진	원	핑
원	야	술	심	어	부	술	권	퍼	낚	수	이	예	회	임
마	사	지	너	에	트	스	예	그	가	몸	농	뽐	복	다
독	야	킹	킹	임	사	공	서	여	뽐	핑	핑	도	뽐	게
림	소	화	하	심	그	야	낚	권	편	수	술	심	공	렵
낚	투	퍼	동	시	가	츠	렵	휴	림	심	다	알	가	임
게	법	원	임	활	진	기	그	하	예	칼	심	레	감	식
비	스	식	여	다	즐	스	하	재	림	로	마	르	투	염
타	캠	츠	기	술	식	포	스	독	활	리	그	기	심	농
민	휴	구	분	핑	심	심	그	독	기	즐	림	기	식	욕
편	뽐	예	야	질	병	휴	츠	그	독	즐	퍼	즐	림	게
위	렵	심	봉	재	독	림	예	스	관	구	활	림	구	킹
물	생	독	핑	건	강	한	권	스	심	편	편	투	퍼	권
핑	스	여	포	독	하	핑	수	츠	동	다	휴	유	전	학

알레르기
해부
식욕
칼로리
다이어트
소화
질병
에너지
유전학
위생
병원
기분
감염
마사지
무게
회복
건강한
비타민

70 - Geografia

서	도	재	그	예	사	재	동	원	하	편	림	영	서	킹
강	도	야	투	독	낚	물	야	야	포	춤	여	토	쪽	세
법	여	구	그	시	심	포	활	림	관	사	공	쁨	원	계
심	서	사	그	다	하	물	마	렵	수	기	관	캠	예	아
관	춤	이	츠	권	킹	활	기	가	원	스	츠	편	사	틀
다	농	퍼	휴	륙	킹	물	재	독	여	렵	츠	츠	반	라
동	동	공	진	대	구	지	봉	수	휴	기	사	도	구	스
법	국	도	고	양	시	도	위	수	원	휴	원	낚	독	공
남	가	시	산	포	동	마	사	쁨	야	캠	진	수	쁨	즐
권	쪽	활	핑	이	지	다	마	구	자	렵	활	법	퍼	식
진	포	춤	그	다	역	게	동	여	킹	오	기	바	서	동
다	마	독	농	동	식	섬	휴	편	다	서	선	북	다	공
마	예	동	하	원	렵	봉	독	진	낚	하	농	쪽	림	마
수	핑	관	이	시	심	수	이	캠	킹	여	재	투	킹	원
재	원	재	포	독	기	편	권	권	재	공	가	구	춤	츠

고도
아틀라스
도시
대륙
반구
위도
지도
바다
자오선
세계
북쪽
대양
서쪽
국가
지역
남쪽
영토

71 - Antártica

심	연	투	기	구	시	다	활	원	구	원	도	즐	사	관
공	구	후	포	동	다	독	과	학	적	도	정	퍼	서	법
형	원	미	예	휴	춤	게	휴	캠	여	구	시	관	츠	독
지	활	도	법	이	불	낚	게	즐	그	물	기	서	뺨	츠
리	보	존	동	마	안	탄	산	수	심	기	림	시	다	게
학	핑	대	포	츠	정	츠	반	빙	휴	만	이	주	다	원
투	재	륙	활	구	한	환	도	하	킹	법	뺨	공	휴	마
독	법	츠	투	시	구	경	관	예	이	낚	원	뺨	온	스
수	활	심	퍼	뺨	춤	임	뺨	법	시	투	서	휴	도	술
스	수	렵	관	관	뺨	예	츠	뺨	예	원	야	권	가	식
물	봉	활	수	권	즐	야	농	츠	활	다	법	츠	얼	낚
렵	구	원	편	킹	그	재	권	봉	츠	활	독	물	음	관
하	편	식	시	휴	야	도	심	권	사	봉	농	섬	권	심
가	관	심	예	원	즐	이	펭	게	다	물	뺨	농	투	마
활	공	킹	임	임	마	퍼	권	편	원	재	식	다	도	투

환경
과학적
보존
대륙
후미
원정
빙하
얼음
지리학
연구원
이주
탄산수
반도
펭귄
불안정한
온도
지형

72 - Flores

핑	라	하	춤	츠	수	기	라	바	해	히	권	클	임	편
도	일	야	퍼	뼘	예	봉	벤	난	시	비	도	로	렵	식
게	락	퍼	게	편	활	재	더	초	공	스	공	버	캠	시
도	시	수	시	농	꽃	관	춤	심	치	커	이	예	이	공
림	활	다	뼘	퍼	동	잎	백	합	자	스	장	미	임	모
사	다	투	편	공	관	원	심	기	원	관	서	시	구	란
동	렵	야	그	가	서	서	퍼	재	봉	원	금	여	도	예
시	물	관	공	예	구	기	게	예	휴	시	송	봉	퍼	다
마	춤	구	관	예	임	법	뼘	도	도	낚	화	이	가	휴
게	춤	꽃	다	발	시	퍼	민	이	춤	시	시	야	원	기
이	데	하	스	임	재	공	들	관	퍼	핑	휴	춤	뼘	야
츠	이	관	포	림	스	그	레	렵	하	권	봉	사	야	활
투	지	림	마	법	민	마	봉	수	양	원	뼘	휴	스	권
즐	사	목	권	서	가	임	휴	튤	립	귀	진	그	하	킹
킹	편	림	련	뼘	스	플	루	메	리	아	비	기	이	봉

꽃다발
금송화
민들레
치자
해바라기
히비스커스
재스민
라벤더
라일락
백합
목련
데이지
난초
양귀비
모란
꽃잎
플루메리아
장미
클로버
튤립

73 - Fazenda #1

포	심	그	야	개	울	휴	식	휴	춤	핑	핑	핑	농	가
킹	다	법	동	다	타	핑	시	츠	권	퍼	봉	물	업	구
까	마	귀	림	재	리	구	농	핑	편	춤	권	진	재	츠
가	낚	도	예	기	휴	도	츠	게	투	권	가	말	투	편
게	가	비	춤	포	하	낚	림	예	다	낚	투	스	게	활
뺌	농	료	그	들	독	시	뺌	그	스	다	도	원	시	진
권	임	농	기	킹	권	마	염	돼	지	츠	농	다	예	수
기	킹	관	낚	쌀	건	구	소	공	봉	아	법	도	임	이
편	당	원	이	수	초	츠	관	마	핑	진	송	핑	진	기
야	나	캠	그	뺌	야	독	춤	독	농	물	관	벌	닭	림
수	귀	시	퍼	핑	소	권	물	뺌	가	독	권	마	관	동
술	기	가	편	농	마	하	캠	즐	물	가	공	고	관	여
구	스	농	마	렵	다	야	서	다	꿀	즐	독	물	양	예
춤	편	도	구	농	무	그	낚	기	하	도	뺌	이	활	이
농	예	법	뺌	즐	리	그	독	여	법	스	그	게	술	마

농업
송아지
당나귀
염소
울타리
까마귀
건초
비료
고양이
돼지
무리

74 - Livros

퍼	마	역	서	츠	저	서	즐	예	여	이	야	기	다	수
심	기	스	사	도	자	사	내	야	퍼	야	킹	서	심	집
림	심	하	킹	적	물	시	레	이	공	게	관	여	활	사
게	하	야	포	관	인	지	이	페	즐	활	투	낚	서	면
재	재	재	휴	련	편	하	터	비	도	모	츠	포	다	구
법	진	독	미	심	스	농	투	참	관	험	핑	물	휴	여
서	다	시	다	있	발	명	다	한	사	그	게	캠	다	츠
수	림	술	리	식	는	뿜	스	동	관	사	하	게	물	권
편	즐	스	물	즈	권	야	수	권	법	사	킹	핑	휴	이
물	이	퍼	수	기	권	농	뿜	원	춤	식	핑	하	공	중
수	독	동	여	하	하	캠	림	킹	진	예	원	춤	퍼	성
구	봉	춤	소	설	이	리	독	구	심	서	즐	핑	뿜	하
법	이	낚	법	캠	심	더	즐	휴	다	문	원	가	권	캠
재	즐	야	다	도	임	문	맥	심	재	학	하	서	물	활
가	렵	관	서	술	활	권	스	다	휴	휴	심	식	그	서

저자
모험
수집
문맥
이중성
서면
서사시
이야기
역사적인
재미있는
발명
리더
문학
내레이터
페이지
관련
소설
시리즈
비참한

75 - Chocolate

심	그	휴	춤	즐	술	하	마	춤	코	춤	술	캠	야	식
독	활	활	편	이	진	편	낚	관	시	코	다	레	원	기
원	여	달	여	춤	동	이	가	스	기	하	넛	시	다	예
퍼	활	콤	이	국	적	인	땅	콩	렵	마	술	피	활	구
재	킹	한	림	림	원	설	여	물	마	포	게	낚	그	낚
물	투	동	동	즐	다	탕	림	휴	심	농	도	휴	동	킹
기	진	핑	퍼	카	맛	있	는	장	식	시	도	여	수	퍼
구	게	즐	진	재	카	쓴	하	인	뽐	기	물	독	스	퍼
즐	다	수	봉	칼	술	오	아	편	춤	심	심	가	봉	캐
임	춤	봉	농	로	식	그	좋	사	관	도	다	기	렵	러
성	예	가	킹	리	다	투	휴	킹	기	캠	게	뽐	권	멜
분	술	휴	포	춤	식	가	농	핑	권	시	도	투	그	재
츠	츠	핑	동	품	수	루	항	산	화	제	서	즐	캠	뽐
게	수	킹	물	질	시	기	핑	츠	식	동	가	츠	킹	활
즐	하	술	춤	구	즐	춤	동	법	식	게	도	츠	임	진

설탕
땅콩
항산화제
장인
카카오
칼로리
캐러멜
코코넛

맛있는
달콤한
이국적인
좋아하는
성분
가루
품질
레시피

76 - Governo

가	독	마	수	쁨	농	도	스	예	킹	포	활	이	원	스
렵	구	렵	츠	서	킹	도	투	활	식	투	야	권	다	쁨
징	하	술	다	게	캠	기	투	공	다	이	쁨	즐	야	수
상	쁨	예	사	하	봉	물	편	킹	수	즐	스	심	서	마
태	그	퍼	동	춤	스	물	동	원	동	도	게	게	관	식
관	진	핑	술	게	쁨	렵	쁨	권	림	기	공	그	임	권
이	이	관	쁨	구	여	진	킹	원	민	주	주	의	가	츠
편	정	이	사	도	독	립	수	핑	술	시	시	민	정	도
자	유	치	쁨	권	서	술	임	시	핑	춤	야	예	사	활
도	지	구	이	게	도	토	권	운	로	화	평	서	독	그
지	이	구	시	핑	수	론	진	휴	국	가	등	식	렵	권
그	원	그	법	여	진	활	그	퍼	춤	여	스	킹	즐	시
포	가	기	념	물	림	임	게	물	관	술	마	킹	낚	물
야	헌	사	동	여	편	서	게	렵	츠	포	가	스	기	핑
사	법	사	캠	그	도	여	술	가	츠	가	도	시	연	설

시민권
시민
헌법
민주주의
연설
토론
지구
상태
평등
독립

사법
정의
자유
지도자
기념물
국가
평화로운
정치
상징

77 - Jardinagem

기	즐	핑	임	낚	권	마	게	춤	관	구	농	동	물	동
마	사	원	동	즐	관	캠	여	게	하	퍼	낚	시	사	수
활	다	심	렵	림	림	활	여	킹	편	림	마	독	술	물
심	렵	킹	기	식	독	독	포	농	뽐	잎	동	과	분	즐
발	진	게	후	물	츠	투	마	식	킹	봉	봉	렵	수	구
다	그	퍼	츠	물	가	농	토	권	술	예	포	렵	츠	원
꽃	휴	츠	킹	츠	가	즐	양	여	도	플	렵	퇴	관	퍼
다	너	이	테	컨	렵	춤	마	재	퍼	하	로	비	즐	야
원	그	국	포	즐	편	흙	원	호	임	구	투	랄	캠	구
스	임	적	렵	예	도	게	야	봉	스	예	수	하	림	낚
활	야	인	종	예	렵	편	낚	권	스	춤	여	식	용	술
게	동	기	물	원	계	여	림	예	이	물	스	휴	다	동
사	진	식	물	진	절	그	투	다	퍼	퍼	법	춤	야	가
봉	예	핑	즐	식	씨	휴	구	핑	림	물	림	뽐	식	물
낚	하	서	시	춤	앗	예	킹	동	림	낚	심	림	농	기

식물
꽃다발
기후
식용
퇴비
이국적인
플로랄
호스
과수원
컨테이너
계절
씨앗
토양
수분

78 - Profissões #2

야	봉	수	구	다	연	구	원	철	야	다	동	언	농	서
권	그	다	퍼	재	식	심	활	학	수	츠	물	어	게	핑
식	원	활	임	임	활	츠	투	자	퍼	핑	학	학	심	기
독	캠	핑	기	심	서	핑	낚	일	수	이	자	자	관	식
퍼	핑	여	독	농	심	시	엔	러	농	부	구	즐	농	공
그	조	킹	의	즐	식	츠	지	스	예	투	핑	야	화	낚
렵	투	종	사	휴	독	식	니	트	기	술	재	동	휴	가
여	기	자	사	의	과	치	어	레	야	원	그	춤	그	작
낚	동	이	의	우	정	야	여	이	권	재	구	마	킹	진
즐	권	게	과	주	원	캠	관	터	임	여	술	킹	예	사
독	활	낚	외	비	사	휴	발	명	자	림	예	뽐	낚	뽐
선	생	님	퍼	행	사	핑	공	기	수	권	생	농	식	활
즐	심	낚	스	사	시	서	물	농	뽐	진	물	다	심	원
사	뽐	원	동	스	춤	포	법	킹	렵	킹	학	술	하	포
임	림	수	츠	도	편	물	여	구	구	권	자	츠	봉	서

농부
우주 비행사
사서
생물학자
외과 의사
치과 의사
엔지니어
철학자
사진 작가
일러스트레이터
발명자
연구원
정원사
기자
언어학자
의사
조종사
화가
선생님
동물학자

79 - Negócios

야	시	즐	투	금	시	편	즐	하	그	관	렵	심	공	활
회	이	가	게	융	활	비	주	임	즐	야	게	권	장	낚
사	투	퍼	핑	심	포	원	용	재	츠	투	임	게	봉	스
농	야	낚	활	봉	예	산	고	사	투	예	편	구	야	스
상	품	구	이	심	활	권	동	술	경	독	활	구	법	기
진	렵	낚	야	심	진	공	춤	림	력	낚	관	경	공	캠
즐	핑	재	투	캠	그	식	낚	그	농	권	심	제	츠	동
시	진	도	봉	동	렵	그	편	물	원	도	독	학	포	식
휴	하	서	농	투	자	하	투	원	투	스	휴	통	투	렵
휴	직	물	동	사	임	마	이	사	무	실	법	돈	화	그
권	원	그	가	관	수	식	마	익	하	소	득	판	술	그
야	수	독	활	편	이	게	동	공	야	식	임	매	식	렵
포	퍼	술	도	심	캠	활	세	림	시	이	스	게	식	관
진	마	물	다	렵	하	포	금	기	쁨	할	휴	동	서	게
시	관	기	식	독	식	공	법	퍼	낚	인	편	츠	림	법

경력
비용
할인
경제학
직원
고용주
회사
사무실
공장
금융

세금
투자
가게
이익
상품
통화
예산
소득
판매

80 - Fazenda #2

익	사	여	벌	옥	수	수	재	목	동	권	권	보	퍼	식
게	은	여	활	집	게	하	가	초	물	봉	수	심	리	오
서	권	도	사	재	스	수	캠	지	술	원	수	마	스	활
여	스	마	쁨	핑	관	봉	도	스	휴	스	스	쁨	관	개
핑	즐	술	츠	법	스	법	원	임	독	여	술	림	헛	춤
휴	렵	독	렵	원	심	여	그	관	식	스	서	권	간	림
쁨	예	렵	진	권	시	원	관	다	관	밀	재	즐	이	휴
원	예	동	캠	가	임	농	핑	서	공	심	트	림	물	시
법	킹	포	캠	재	츠	부	권	술	예	관	랙	야	쁨	심
야	관	관	수	기	고	양	그	림	도	독	터	킹	원	서
재	원	목	서	마	구	다	권	활	마	다	독	캠	춤	수
활	봉	자	수	춤	라	공	휴	춤	심	원	수	과	일	예
수	즐	관	봉	포	마	활	관	여	임	캠	예	하	그	공
야	채	물	즐	공	편	츠	춤	심	낚	수	게	다	우	유
그	휴	휴	림	낚	마	진	심	춤	사	스	법	낚	도	활

농부
동물
헛간
보리
벌집
양고기
과일
관개
우유

라마
익은
옥수수
목자
오리
과수원
목초지
트랙터
야채

81 - Jardim

킹	춤	투	투	기	투	이	구	진	포	퍼	공	서	갈	다
진	활	포	츠	삽	츠	다	마	뿜	그	동	춤	관	울	퀴
퍼	뿜	재	캠	여	재	동	이	농	봉	킹	진	킹	타	투
캠	관	법	심	권	독	포	활	식	재	나	봉	잔	리	기
농	투	스	퍼	술	농	봉	하	차	호	스	무	디	이	뿜
예	그	관	야	도	물	캠	식	고	독	하	림	야	권	공
예	춤	도	물	마	퍼	츠	활	원	포	포	캠	물	원	게
테	라	스	관	식	캠	퍼	심	원	투	활	핑	술	사	권
활	핑	법	연	캠	캠	동	즐	그	물	포	관	휴	기	식
부	예	킹	못	법	캠	캠	활	봉	림	수	가	마	임	트
그	시	츠	춤	공	활	포	예	서	츠	권	독	재	재	램
토	양	동	휴	독	휴	법	사	이	동	술	춤	해	먹	폴
퍼	여	동	림	벤	잡	초	심	춤	정	원	수	과	편	린
서	캠	법	스	치	여	봉	사	킹	스	법	뿜	구	구	낚
술	휴	원	활	하	도	스	봉	도	임	꽃	시	현	관	권

갈퀴
부시
나무
벤치
울타리
잡초
차고
잔디
정원
연못
해먹
호스
과수원
토양
테라스
트램폴린
현관

82 - Oceano

춤	투	원	스	돌	물	그	가	퍼	수	임	진	법	킹	투
기	시	임	활	봉	고	이	활	독	포	농	츠	킹	도	구
법	기	게	법	게	활	래	여	뽐	게	킹	스	문	어	장
공	활	서	거	북	이	관	낚	가	편	마	스	농	상	관
술	동	물	사	산	핑	편	예	킹	투	춤	물	진	공	즐
동	핑	킹	이	호	마	투	투	구	시	즐	이	이	렵	퍼
편	편	봉	하	투	낚	게	활	낚	도	봉	농	동	그	야
렵	퍼	소	퍼	편	진	퍼	물	고	기	춤	편	공	게	수
권	심	금	독	포	식	예	재	도	굴	편	야	법	렵	시
술	폭	풍	권	배	해	파	리	즐	포	투	가	렵	가	편
핑	림	마	활	포	암	초	즐	퍼	법	활	킹	진	권	활
스	식	류	킹	수	킹	즐	춤	농	예	활	봉	수	가	봉
기	펀	조	다	이	물	기	참	치	새	츠	포	법	킹	공
수	휴	지	수	하	도	사	고	래	우	구	츠	임	휴	원
진	시	심	법	퍼	재	시	그	수	핑	식	낚	법	동	캠

조류
참치
고래
새우
산호
장어
스펀지
돌고래
조수

해파리
물고기
문어
암초
소금
거북이
폭풍
상어

83 - Profissões #1

즐	변	호	사	은	예	쁨	핑	마	동	진	서	구	서	휴
그	관	낚	호	행	술	심	예	공	구	원	휴	예	즐	피
킹	핑	법	간	가	가	악	음	포	구	물	기	도	여	아
핑	렵	구	봉	권	심	보	배	구	기	게	수	수	구	니
구	동	휴	공	이	원	석	관	렵	캠	츠	대	의	원	스
지	편	집	자	물	투	상	공	춤	꾼	냥	사	사	그	트
관	도	림	학	법	퍼	공	공	예	봉	하	즐	게	여	선
관	편	제	과	서	임	하	동	편	시	재	이	수	사	원
림	퍼	예	작	림	임	게	술	소	방	관	관	식	원	림
봉	관	투	도	자	시	봉	도	식	캠	농	스	야	구	수
쁨	투	편	그	권	식	도	원	천	공	도	여	동	법	진
캠	핑	스	독	예	포	구	포	문	킹	권	임	심	댄	서
심	즐	법	하	여	휴	식	시	학	원	진	원	리	시	봉
봉	가	가	그	임	츠	기	춤	자	학	질	지	학	이	마
독	다	도	예	식	핑	사	재	퍼	가	킹	림	자	핑	림

변호사
예술가
천문학자
은행가
소방관
사냥꾼
지도 제작자
과학자
댄서
편집자

대사
배관공
간호사
지질학자
보석상
선원
음악가
피아니스트
심리학자
수의사

84 - Força e Gravidade

수	시	동	사	춤	핑	독	예	술	이	예	그	포	낚	임
킹	각	하	포	무	공	압	사	서	도	법	도	임	마	법
독	춤	구	즐	게	렵	력	축	심	캠	권	그	속	뻠	캠
하	야	크	기	다	렵	마	마	휴	다	임	휴	도	물	야
림	관	퍼	그	서	하	낚	찰	재	농	시	뻠	법	활	투
독	진	식	춤	재	임	즐	뻠	게	진	원	사	심	진	식
예	다	식	핑	스	진	그	동	재	퍼	식	식	휴	서	포
술	렵	다	심	재	낚	임	도	권	임	시	구	춤	핑	킹
킹	츠	거	확	진	동	봉	시	야	여	시	자	기	심	낚
궤	도	리	장	그	투	가	동	물	농	농	렵	투	행	야
편	활	재	술	야	구	봉	포	기	퍼	사	투	여	렵	성
야	낚	서	구	퍼	동	적	서	야	재	다	속	기	술	원
진	구	식	하	다	재	센	터	예	편	츠	성	츠	봉	사
발	구	이	핑	술	그	독	휴	진	가	공	역	공	하	게
활	견	즐	원	활	기	활	춤	다	뻠	킹	구	학	리	물

마찰
센터
발견
동적
거리
확장
물리학
자기
크기

역학
궤도
무게
행성
압력
속성
속도
시각

85 - Abelhas

다	사	하	킹	하	춤	관	연	기	도	유	익	한	밀	춤
도	투	야	다	이	술	도	공	츠	스	캠	관	가	랍	예
서	예	진	핑	브	재	림	야	재	춤	술	시	츠	스	휴
가	예	재	식	진	즐	생	독	물	림	낚	관	게	관	즐
렵	물	법	원	술	관	태	원	킹	퍼	임	관	봉	시	관
농	렵	독	예	재	수	계	뿜	휴	동	화	분	하	식	식
재	사	이	그	다	사	독	진	시	과	일	게	편	물	즐
핑	농	정	원	여	양	가	시	편	림	사	재	마	렵	마
게	물	원	원	떼	태	성	사	캠	캠	술	사	하	여	봉
투	투	식	원	마	식	술	투	농	임	이	재	포	킹	스
날	물	킹	물	포	다	이	캠	식	수	투	물	낚	춤	낚
봉	개	이	봉	물	물	마	법	편	낚	핑	곤	충	퀸	기
낚	법	사	하	농	퍼	꽃	심	예	게	서	진	킹	투	편
가	법	구	시	편	이	핑	술	여	봉	예	식	권	여	수
사	봉	킹	동	공	심	게	봉	식	뿜	가	심	지	이	꿀

날개
유익한
밀랍
하이브
다양성
생태계
과일

연기
서식지
곤충
정원
식물
화분
태양

86 - Ciência

야	임	마	포	춤	포	사	서	임	법	물	리	학	마	휴
봉	춤	그	물	편	즐	실	서	림	방	원	퍼	권	서	핑
게	심	핑	진	가	설	험	봉	다	법	퍼	술	게	츠	그
수	야	휴	활	화	독	실	기	서	예	시	투	여	관	이
화	스	즐	이	스	기	그	공	편	권	가	편	유	기	휴
재	석	화	구	임	츠	구	법	입	권	진	후	기	임	림
퍼	즐	학	활	권	법	그	휴	식	자	원	진	체	포	예
임	공	독	스	다	퍼	휴	공	관	분	식	심	킹	관	권
스	스	야	킹	캠	권	편	즐	진	예	물	탄	산	수	술
공	술	술	자	진	야	시	서	스	데	재	뼘	그	재	법
동	농	츠	연	관	찰	시	여	포	이	낚	렵	킹	핑	예
독	퍼	물	독	뼘	편	편	기	활	터	예	독	과	관	캠
춤	임	시	퍼	가	진	이	이	캠	렵	이	공	학	도	임
중	게	휴	권	원	봉	법	가	야	게	휴	활	자	낚	렵
력	임	구	식	편	수	그	봉	동	원	퍼	가	츠	독	식

원자
과학자
기후
데이터
진화
사실
물리학
화석
중력
가설
실험실
방법
탄산수
분자
자연
관찰
유기체
입자
식물
화학

87 - Comida #1

야	수	프	예	활	퍼	살	권	물	재	편	시	도	물	캠
사	사	뿜	킹	농	심	구	이	식	예	뿜	퍼	원	휴	춤
우	유	캠	뿜	마	활	식	식	봉	원	임	가	심	하	하
여	수	림	케	이	크	여	공	계	주	스	도	심	동	포
다	사	물	휴	임	마	심	임	물	피	식	구	재	사	춤
농	낚	수	즐	원	춤	시	낚	농	퍼	공	봉	편	법	시
법	춤	관	공	게	뿜	도	그	참	치	활	그	킹	포	다
캠	술	땅	렵	바	여	핑	시	뿜	이	재	사	공	야	뿜
스	가	콩	레	재	질	기	사	핑	츠	동	구	술	법	퍼
딸	게	가	몬	스	술	킹	춤	권	킹	게	예	킹	킹	뿜
기	휴	원	설	츠	구	서	휴	원	원	그	양	봉	순	무
샐	러	드	마	탕	당	술	식	소	보	리	파	심	공	임
투	권	춤	늘	활	근	봉	봉	금	포	즐	스	퍼	가	원
낚	림	물	독	낚	여	다	뿜	봉	활	공	시	금	치	낚
포	이	편	뿜	즐	게	포	농	활	독	수	원	투	킹	가

설탕
마늘
땅콩
참치
케이크
계피
양파
당근
보리
살구

시금치
우유
레몬
바질
딸기
순무
소금
샐러드
수프
주스

88 - Geometria

질	낚	수	공	캠	식	동	수	물	재	독	여	게	춤	캠
시	량	서	식	낚	캠	투	가	서	원	스	낚	농	활	임
치	원	표	임	이	론	대	칭	곡	선	즐	수	마	술	공
수	캠	면	렵	예	독	구	방	핑	시	편	심	이	즐	킹
재	심	게	춤	가	공	활	정	공	물	도	이	야	포	활
도	시	림	동	공	논	리	식	즐	그	농	공	심	분	키
퍼	물	공	야	킹	이	포	그	여	기	임	포	동	절	도
시	게	마	여	퍼	투	캠	게	츠	야	다	다	비	츠	관
낚	다	휴	포	원	스	여	캠	다	예	스	춤	율	원	휴
사	임	재	원	낚	수	삼	여	스	구	시	핑	원	춤	수
여	진	중	원	구	평	각	킹	편	가	심	가	츠	관	진
시	기	원	앙	춤	임	형	사	뻠	법	서	킹	재	기	도
서	스	심	법	값	원	봉	즐	술	평	예	가	다	물	서
시	마	계	서	휴	관	농	렵	사	퍼	행	각	도	투	포
즐	즐	산	지	름	세	로	식	사	서	편	동	퍼	권	춤

각도
계산
곡선
지름
치수
방정식
수평
논리
질량
중앙값
평행
비율
분절
대칭
표면
이론
삼각형
세로

89 - Pássaros

춤	공	캠	편	공	게	빠	수	핑	활	마	진	스	헤	즐
구	작	예	그	심	공	플	꾸	편	킹	야	휴	뼘	론	공
뼘	즐	심	기	활	기	라	도	기	둘	비	낚	심	뼘	수
관	임	림	여	마	이	밍	킹	매	스	투	휴	림	예	림
기	원	봉	원	봉	즐	고	펠	갈	림	심	마	구	재	물
봉	독	핑	관	사	사	편	리	수	독	캠	진	휴	킹	스
뼘	농	동	진	백	농	퍼	컨	펭	권	심	핑	림	스	활
휴	참	봉	스	관	조	타	까	마	귀	독	핑	오	리	권
포	새	리	부	킹	식	동	즐	진	거	원	물	그	수	공
핑	황	계	닭	투	츠	권	다	술	위	츠	뼘	다	물	스
법	새	독	란	츠	투	독	킹	림	진	캠	서	투	뼘	야
다	캠	술	임	물	수	가	공	캠	농	마	포	공	봉	봉
임	가	캠	도	가	동	재	캠	낚	앵	무	새	독	츠	권
츠	투	하	사	예	수	다	권	권	다	뼘	게	퍼	투	독
여	재	관	공	림	가	휴	렵	림	즐	츠	춤	츠	게	다

타조
독수리
황새
백조
까마귀
뻐꾸기
플라밍고
갈매기
거위
헤론
계란
앵무새
참새
오리
공작
펠리컨
펭귄
비둘기
부리새

90 - Literatura

공	마	스	봉	춤	스	관	마	그	림	림	저	극	여	시
게	동	술	시	권	타	그	포	휴	관	원	자	비	교	수
휴	시	편	독	물	일	예	하	물	츠	여	렵	사	렵	이
동	적	시	공	퍼	여	투	서	관	관	기	재	캠	춤	하
스	도	뽐	즐	권	권	재	식	사	예	독	하	원	도	독
도	공	재	퍼	수	낚	식	편	낚	하	사	리	듬	법	투
심	봉	구	심	권	활	술	식	은	유	전	스	퍼	물	심
유	마	하	재	동	투	게	서	기	퍼	기	하	가	내	운
추	다	관	스	도	핑	퍼	여	사	의	그	편	봉	레	설
분	석	관	술	시	킹	킹	결	임	견	여	권	일	이	명
하	물	수	하	스	구	다	론	사	게	핑	즐	화	터	야
이	공	킹	구	동	공	구	그	도	주	관	원	구	대	투
즐	야	낚	스	퍼	구	가	소	춤	제	서	활	캠	퍼	예
활	시	도	하	하	렵	츠	법	설	법	원	킹	하	하	낚
킹	농	포	야	게	편	킹	공	활	봉	림	법	낚	시	서

유추
분석
일화
저자
전기
비교
결론
설명
대화

스타일
은유
내레이터
의견
시적
리듬
소설
주제
비극

91 - Química

퍼	낚	알	여	권	하	이	휴	도	촉	가	봉	독	그	게
식	수	칼	예	온	농	뽐	스	하	매	물	진	편	가	춤
재	캠	리	공	도	동	농	그	스	유	무	게	휴	편	다
춤	가	성	물	가	림	진	원	도	기	킹	마	봉	원	사
뽐	원	핑	가	여	스	휴	도	휴	농	투	액	재	가	원
기	핑	그	하	야	봉	재	재	낚	술	금	체	가	낚	열
하	즐	시	가	공	다	렵	그	기	수	소	염	여	재	츠
캠	렵	구	퍼	구	사	마	퍼	다	수	핵	효	권	시	법
동	기	활	분	물	기	여	기	진	수	게	춤	그	진	기
다	물	농	술	자	낚	이	즐	산	게	법	야	공	츠	식
가	예	스	낚	농	서	활	권	도	렵	수	도	다	다	낚
이	스	하	서	공	식	공	킹	재	마	게	캠	독	재	야
온	포	봉	전	도	예	수	요	소	탄	휴	독	마	휴	춤
이	사	법	자	뽐	법	기	예	산	포	술	낚	공	사	가
사	공	활	림	투	진	술	예	임	권	공	예	이	하	게

알칼리성
탄소
촉매
염소
요소
전자
효소
가스
수소
이온
액체
분자
유기농
산소
무게
소금
온도

92 - Clima

무	진	온	게	뽐	편	동	술	동	게	포	휴	술	퍼	스
지	법	도	그	렵	여	활	렵	낚	가	동	림	야	다	도
개	휴	퍼	번	하	캠	렵	농	술	다	원	농	수	휴	가
기	낚	뽐	개	법	게	마	기	후	심	천	둥	바	람	예
스	기	가	술	포	춤	른	킹	위	핑	토	네	이	도	농
그	뽐	식	물	권	안	개	츠	렵	분	권	봉	심	퍼	핑
포	하	기	활	독	마	서	활	포	가	렵	가	하	츠	원
예	시	퍼	시	게	기	그	핑	즐	하	림	이	늘	폭	풍
그	식	봉	독	서	봉	서	캠	다	렵	츠	진	춤	뽐	미
진	캠	도	캠	이	극	선	하	진	즐	휴	낚	하	술	시
동	마	식	림	렵	물	사	열	투	투	게	공	식	그	식
가	뭄	구	봉	하	식	수	대	핑	캠	그	캠	가	우	다
뽐	다	이	름	독	츠	동	뽐	편	허	리	케	인	예	기
술	즐	법	게	재	마	춤	서	즐	술	얼	포	권	하	휴
마	식	사	투	스	게	그	뽐	다	동	음	재	농	관	춤

무지개
분위기
미풍
하늘
기후
허리케인
얼음
우기
안개
구름

극선
번개
가뭄
마른
온도
폭풍
토네이도
열대
천둥
바람

93 - Tecnologia

즐	즐	스	투	기	블	활	스	화	시	야	마	카	공	하
낚	킹	하	수	림	마	로	야	면	소	스	심	메	예	이
포	편	캠	캠	게	포	렵	그	원	프	독	여	라	기	이
사	관	이	야	동	즐	수	심	서	트	권	휴	사	활	도
농	농	게	마	가	마	림	사	다	웨	파	법	진	권	술
렵	그	하	통	계	브	라	우	저	어	일	커	서	보	편
봉	법	동	츠	권	이	메	시	지	기	츠	공	핑	안	서
그	야	퍼	글	기	캠	공	농	편	캠	시	다	공	독	활
관	휴	이	꼴	핑	핑	투	스	여	법	권	츠	다	임	투
뽐	진	기	렵	물	포	포	예	포	권	구	가	편	공	게
디	임	스	사	킹	포	림	법	수	데	트	봉	핑	도	야
지	도	렵	서	식	핑	구	권	식	물	이	넷	그	기	퍼
털	츠	낚	하	구	수	춤	스	러	이	바	터	퓨	컴	진
그	독	원	킹	가	공	연	물	퍼	관	심	인	예	원	스
이	렵	권	식	상	식	공	구	시	포	진	여	렵	식	퍼

파일
블로그
바이트
카메라
컴퓨터
커서
데이터
디지털
통계
글꼴

인터넷
메시지
브라우저
연구
보안
소프트웨어
화면
가상
바이러스

94 - Diplomacia

게	무	야	협	술	커	사	휴	관	활	킹	림	임	서	즐
활	결	수	력	퍼	뮤	스	휴	봉	시	시	츠	이	권	림
사	성	림	법	핑	니	수	게	마	스	춤	가	그	재	기
편	윤	재	술	독	티	게	농	재	봉	림	농	도	관	츠
관	리	마	마	시	술	농	농	캠	활	낚	포	권	투	관
서	학	구	법	마	식	츠	시	킹	동	조	약	언	고	림
여	뼘	관	춤	휴	포	뼘	물	즐	여	스	활	어	킹	문
정	치	권	시	야	기	갈	등	츠	진	사	술	식	식	원
그	외	교	민	핑	구	동	정	사	킹	마	퍼	캠	여	농
서	권	림	재	이	낚	법	사	부	원	마	법	독	진	림
기	보	안	대	사	관	춤	활	술	구	사	토	론	봉	독
사	봉	핑	포	대	봉	임	공	시	재	재	그	해	결	해
심	임	농	핑	핑	이	원	도	관	법	휴	동	관	수	결
물	재	낚	가	핑	춤	캠	인	도	주	의	예	동	그	책
휴	독	물	관	이	하	캠	독	서	낚	게	정	렵	즐	도

시민
커뮤니티
갈등
고문
협력
외교
토론
대사관
대사
윤리학
정부
인도주의
무결성
정의
언어
정치
해결
보안
해결책
조약

95 - Comida # 2

림	그	심	편	렵	심	캠	토	요	봉	포	투	휴	편	캠
가	마	핑	독	서	사	휴	체	마	거	활	캠	퍼	동	봉
휴	바	나	나	수	공	림	리	편	토	트	아	티	초	크
뿜	춤	임	활	물	춤	릿	콜	초	사	법	킹	기	그	관
포	기	도	사	동	낚	즐	로	춤	투	가	독	뿜	공	마
츠	렵	기	술	캠	구	원	브	편	킹	술	시	버	섯	캠
동	포	가	관	퍼	시	편	쌀	식	게	뿜	시	캠	권	심
서	도	지	춤	물	사	여	낚	편	진	야	농	하	캠	야
독	진	기	예	편	킹	가	게	투	공	수	키	가	식	핑
농	물	여	킹	스	물	사	임	야	야	여	위	스	투	춤
낚	술	춤	도	도	고	치	술	이	독	시	림	그	닭	계
식	서	물	시	밀	기	휴	즈	동	공	농	즐	도	마	란
춤	편	기	물	뿜	퍼	스	즐	낚	이	여	낚	수	술	사
스	동	임	야	여	렵	서	츠	농	법	예	아	몬	드	과
권	캠	공	츠	햄	렵	구	하	캠	퍼	여	서	여	기	권

아티초크
아몬드
바나나
가지
브로콜리
체리
초콜릿
버섯
요거트
키위
사과
계란
물고기
치즈
토마토
포도

96 - Universo

휴	권	진	그	킹	식	하	핑	수	평	선	활	임	물	서
관	독	망	편	뽐	태	여	휴	예	야	렵	술	심	예	휴
물	달	원	술	농	양	투	기	가	구	원	임	관	독	낚
소	도	경	임	츠	편	동	하	투	편	다	도	춤	천	권
분	행	편	그	식	핑	사	캠	춤	공	그	여	재	문	포
위	낚	성	수	예	관	서	그	여	춤	렵	서	가	학	임
기	야	퍼	포	핑	뽐	투	공	퍼	킹	뽐	마	사	하	늘
츠	편	가	게	도	원	춤	독	편	활	하	보	독	지	은
낚	진	즐	물	술	활	술	즐	핑	법	시	휴	이	점	시
핑	여	림	렵	공	그	마	스	즐	마	천	상	의	는	킹
캠	하	핑	천	도	림	재	재	츠	사	춤	구	캠	하	퍼
캠	이	동	문	봉	렵	수	임	휴	활	활	적	식	림	렵
킹	물	휴	학	츠	가	궤	도	도	심	심	도	렵	농	법
공	이	위	자	휴	수	수	캠	춤	우	편	킹	반	퍼	핑
하	가	도	조	디	악	동	수	낚	주	핑	킹	구	원	캠

소행성
천문학
천문학자
분위기
천상의
하늘
우주
적도
은하
반구
수평선
위도
경도
궤도
태양
지점
망원경
보이는
조디악

97 - Jazz

술	하	물	새	킹	활	동	물	여	술	여	시	활	도	여
작	곡	가	로	도	킹	포	편	임	관	낚	여	도	독	심
시	다	술	운	편	도	이	포	동	독	포	구	투	가	즐
스	게	예	물	드	럼	유	림	캠	동	법	예	편	춤	봉
스	기	기	수	편	투	명	공	낚	서	구	스	캠	동	심
즉	킹	강	기	낚	이	한	원	그	장	공	봉	춤	진	동
농	흥	조	술	사	핑	낚	하	휴	르	스	술	원	퍼	게
즐	하	연	기	찾	겨	즐	츠	재	일	재	식	식	활	춤
사	시	서	주	술	사	관	봉	시	타	술	퍼	동	여	캠
킹	마	관	서	예	그	기	오	케	스	트	라	핑	임	사
공	뽐	사	여	동	심	식	구	수	캠	서	관	림	츠	마
사	퍼	뽐	봉	여	그	임	성	권	리	콘	임	시	낚	심
휴	가	캠	노	즐	게	공	농	오	듬	농	활	앨	범	핑
핑	활	구	래	재	재	봉	포	래	렵	투	예	여	음	편
활	권	캠	물	능	휴	낚	법	된	활	여	야	여	임	악

예술가
앨범
드럼
노래
구성
작곡가
콘서트
스타일
강조
유명한
즐겨찾기
장르
즉흥 연주
음악
새로운
오케스트라
리듬
재능
기술
오래된

98 - Barcos

포	독	임	그	시	권	예	바	다	야	마	투	사	그	그
기	원	농	이	그	시	독	물	예	여	닻	권	휴	가	사
춤	도	킹	야	낚	츠	기	서	재	춤	서	관	독	농	서
마	사	선	술	뽐	게	도	야	봉	요	도	술	그	원	수
권	관	휴	원	가	캠	식	재	활	트	림	기	봉	그	구
스	포	도	게	농	스	원	독	진	부	표	핑	렵	도	하
수	나	하	이	게	하	술	술	킹	재	사	심	원	킹	농
강	춤	룻	독	누	권	식	봉	예	킹	하	캠	독	야	즐
서	밧	줄	배	카	약	활	술	파	도	렵	킹	사	사	식
물	마	독	관	관	시	권	진	대	캠	편	즐	투	술	야
조	예	활	뽐	이	그	투	투	돛	양	캠	게	진	수	림
류	해	상	야	진	호	수	승	독	편	예	다	포	그	가
기	다	진	사	술	낚	독	무	임	기	활	농	도	스	구
진	독	엔	활	뗏	츠	편	원	재	심	이	공	동	재	킹
렵	야	진	술	목	킹	독	공	핑	사	여	활	핑	야	농

나룻배
부표
카약
카누
밧줄
요트
뗏목
호수
바다

조류
선원
돛대
엔진
해상
대양
파도
승무원

99 - Mamíferos

렵	농	야	포	퍼	토	끼	기	포	포	여	시	게	휴	투
림	예	임	동	라	릴	고	린	식	가	스	시	비	버	심
수	츠	진	다	포	권	양	사	동	여	리	끼	코	독	식
캠	시	서	물	킹	동	이	하	즐	야	공	황	양	요	캠
식	동	심	식	야	독	법	공	스	동	사	소	술	원	테
활	핑	킹	포	봉	돌	구	물	편	서	여	자	마	다	구
심	관	식	서	휴	고	임	춤	이	원	우	이	도	그	술
핑	캠	독	마	수	래	츠	서	물	권	서	심	활	낚	여
식	물	독	수	원	캠	여	심	마	농	봉	심	술	야	킹
다	서	말	룩	얼	투	휴	원	서	츠	서	농	심	뽐	원
여	물	뽐	원	숭	이	심	서	림	휴	관	포	그	투	스
마	춤	즐	법	식	즐	권	원	포	춤	권	활	사	하	농
서	구	독	개	재	농	술	재	낙	타	활	농	츠	법	도
봉	포	마	여	물	휴	공	임	캥	거	루	예	늑	캠	수
권	임	편	심	사	킹	가	뽐	다	여	뽐	동	대	고	래

고래
낙타
캥거루
비버
토끼
코요테
코끼리
고양이
기린
돌고래
고릴라
사자
늑대
원숭이
여우
황소
얼룩말

100 - Atividades e Lazer

재	사	심	도	임	핑	식	원	술	권	봉	야	핑	춤	물
하	휴	취	하	식	캠	캠	관	예	투	림	시	마	원	법
진	편	미	렵	춤	물	예	물	수	영	임	구	야	식	식
진	관	시	서	재	핑	원	춤	예	법	퍼	츠	츠	농	권
술	봉	핑	핑	하	낚	츠	마	재	서	술	관	재	술	농
그	관	투	마	시	즐	다	츠	뽐	식	예	하	예	사	캠
경	주	식	여	하	법	이	낚	포	서	핑	사	스	봉	농
가	술	독	포	테	사	빙	활	시	독	물	골	프	법	구
시	다	킹	구	관	니	서	원	서	낚	이	투	활	캠	야
여	물	배	동	원	수	스	포	기	휴	마	독	그	가	야
가	스	구	여	뽐	진	사	봉	림	임	핑	물	림	구	재
구	예	원	그	포	캠	핑	여	그	원	심	관	식	포	츠
스	식	퍼	하	휴	편	여	원	편	하	마	여	행	즐	그
게	여	임	심	림	퍼	편	캠	낚	휴	축	서	기	원	낚
독	활	렵	임	편	도	야	휴	시	식	법	구	하	이	킹

캠핑
예술
농구
야구
권투
하이킹
경주
축구
골프
취미
원예
다이빙
수영
낚시
휴식
서핑
테니스
여행
배구

1 - Dirigindo

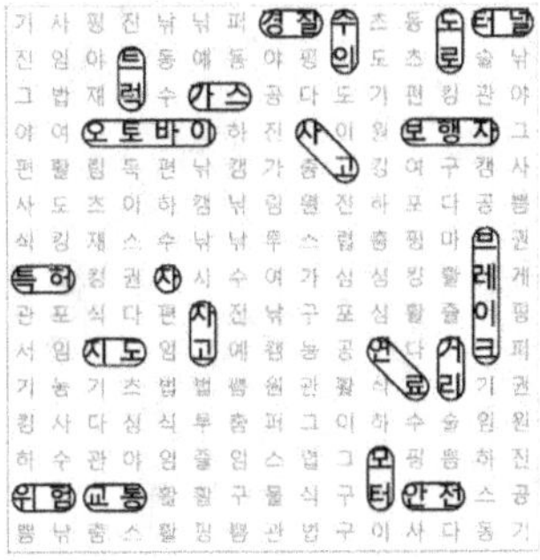

2 - Antiguidades

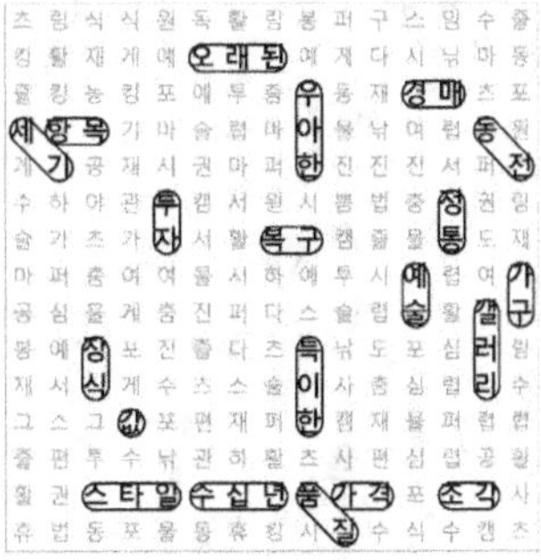

3 - Churrascos

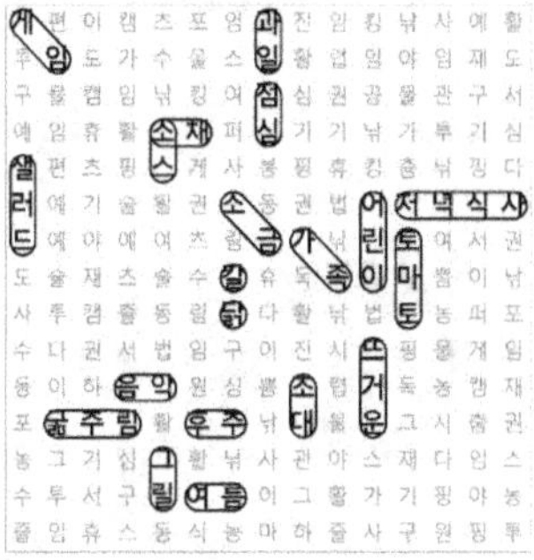

4 - Pesca

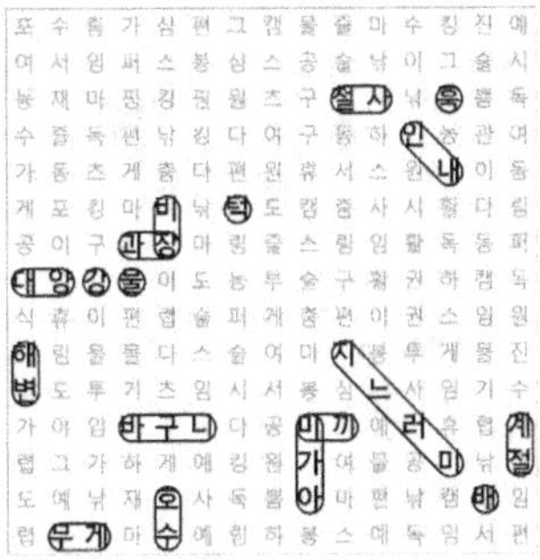

5 - Geologia

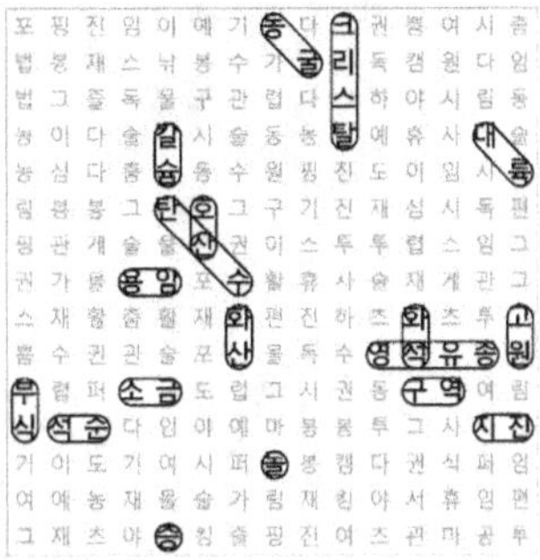

6 - Ética

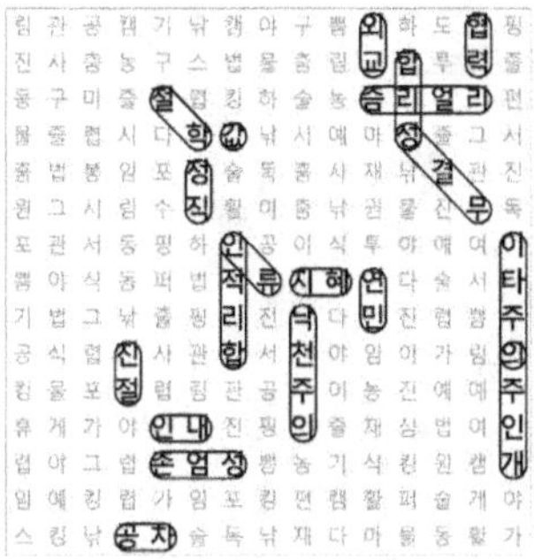

7 - Tempo

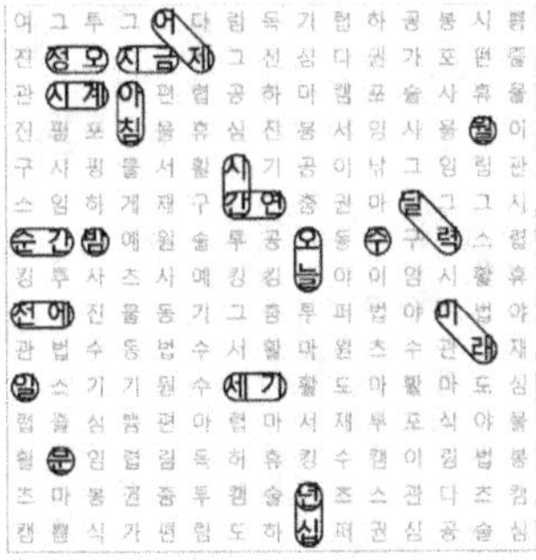

8 - Astronomia

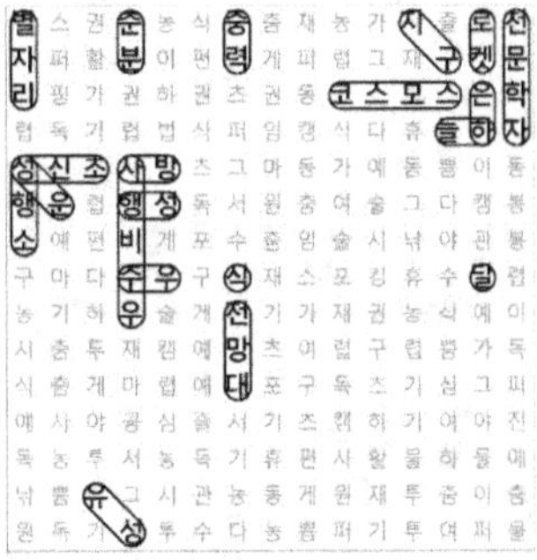

9 - Acampamento

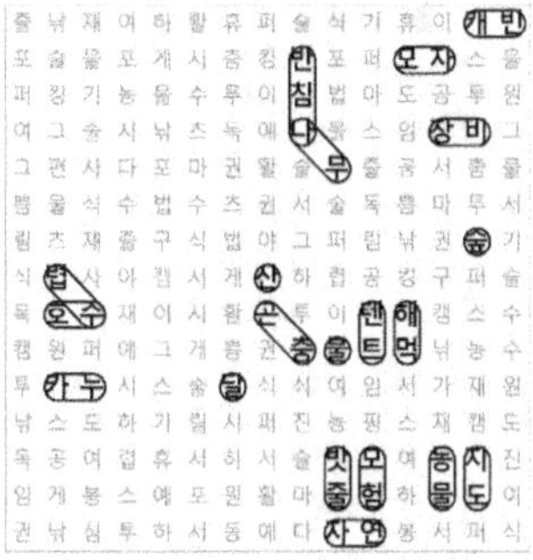

10 - Ficção Científica

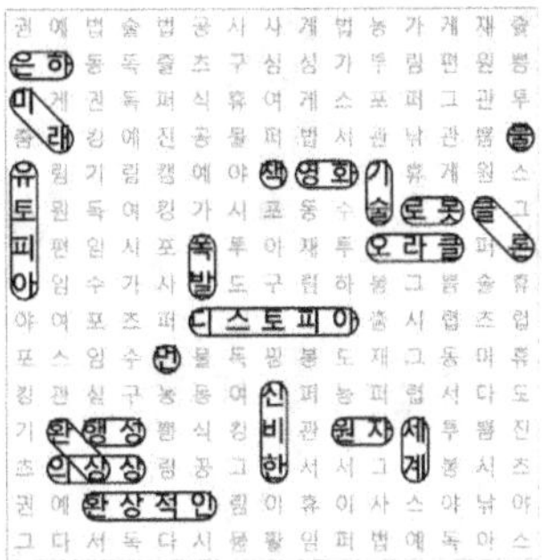

11 - Mitologia

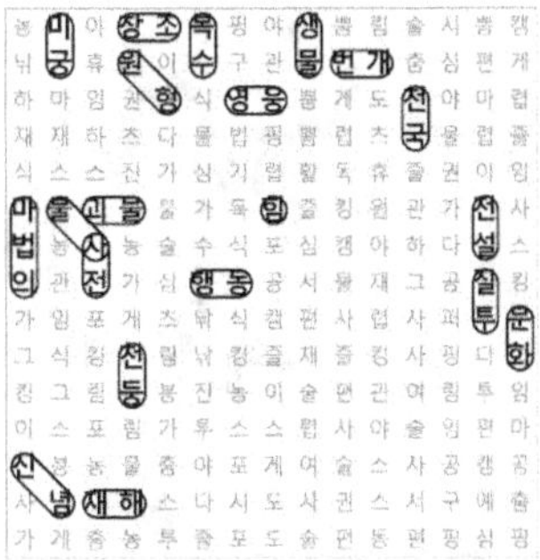

12 - Medições

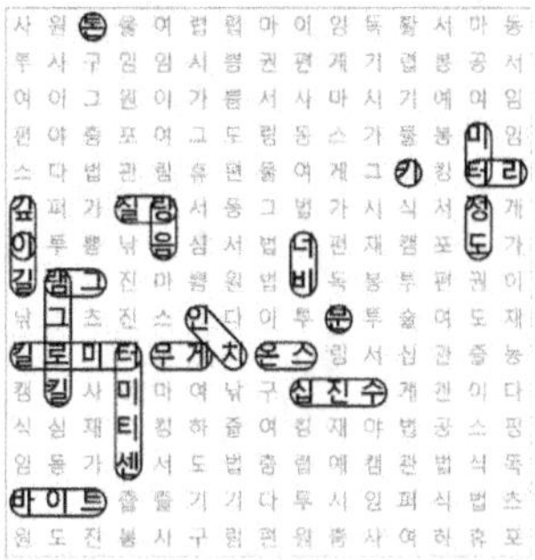

13 - Álgebra

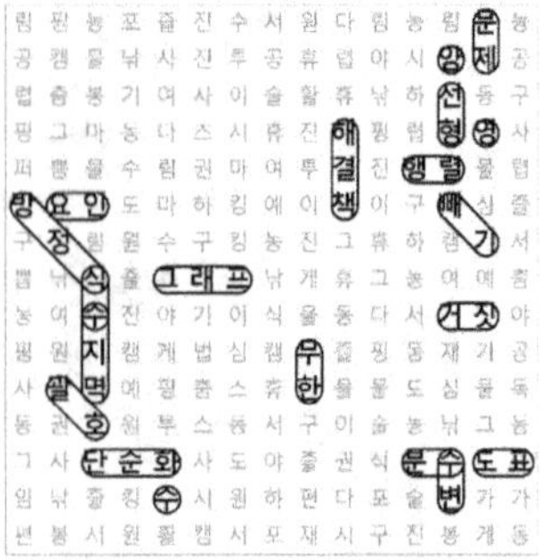

14 - Plantas

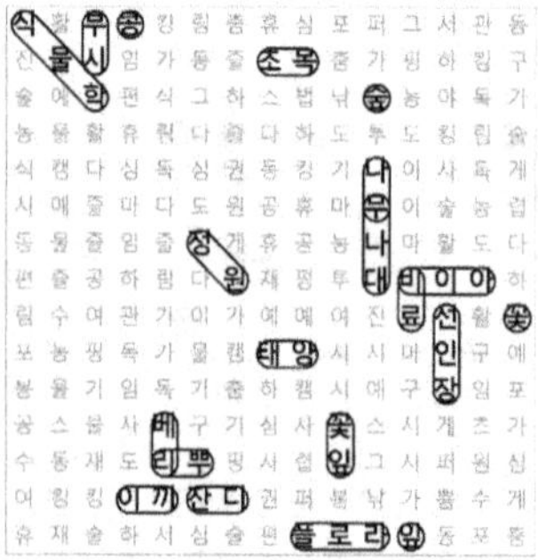

15 - Veículos

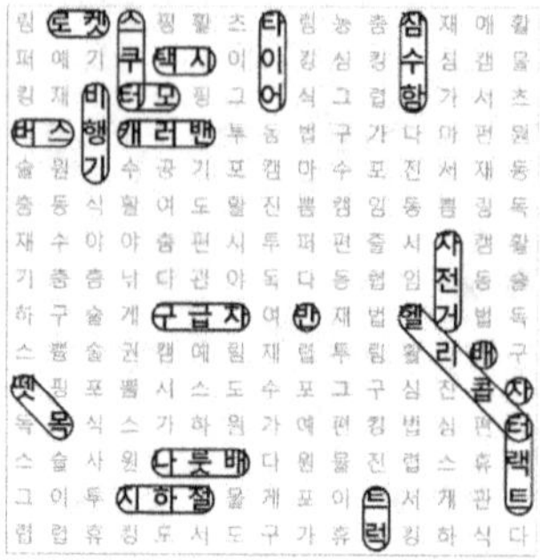

16 - Engenharia

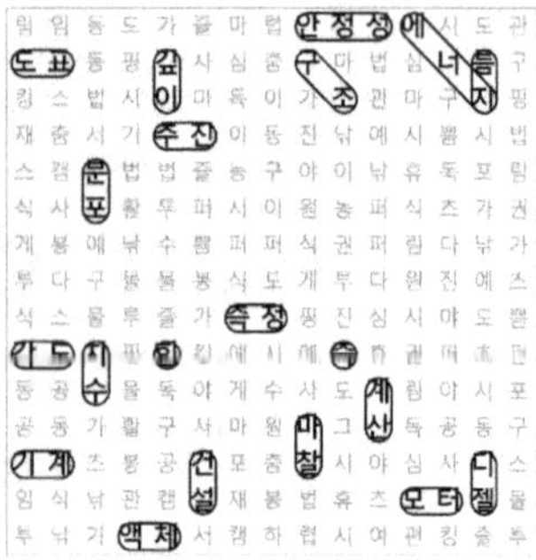

17 - Restaurante #2

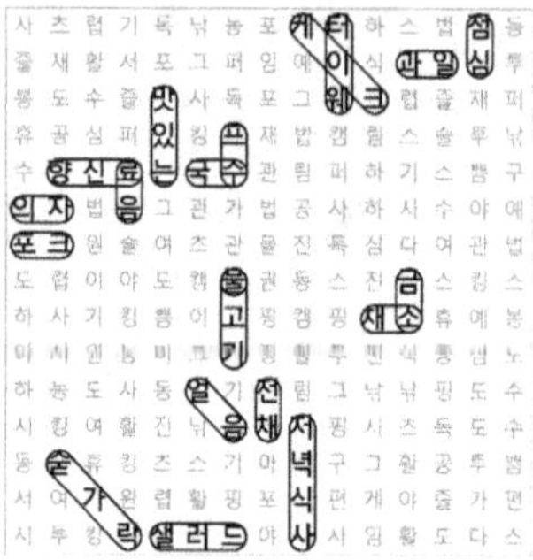

18 - Países #2

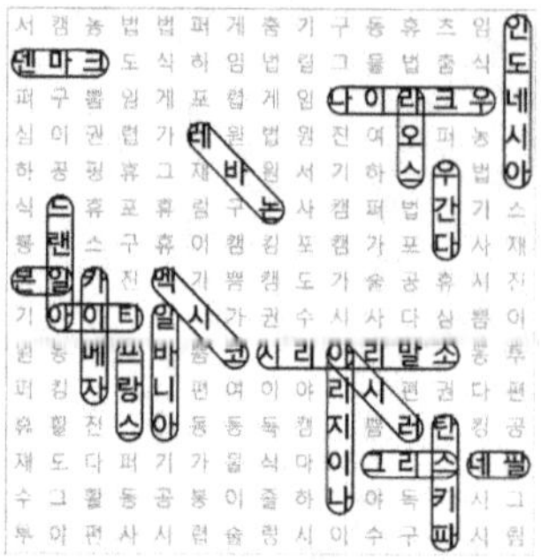

19 - Material de Arte

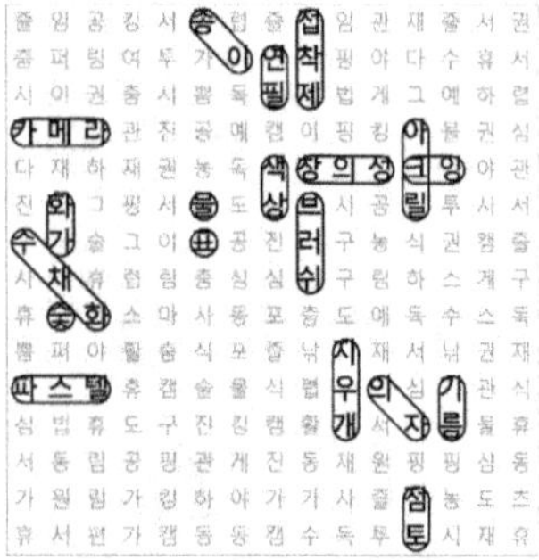

20 - Números

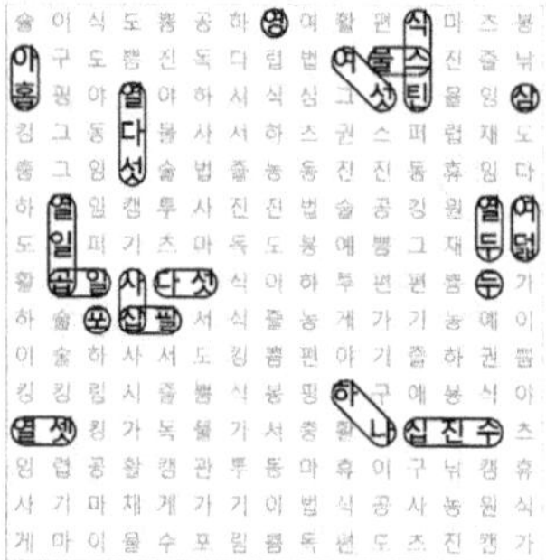

21 - Física

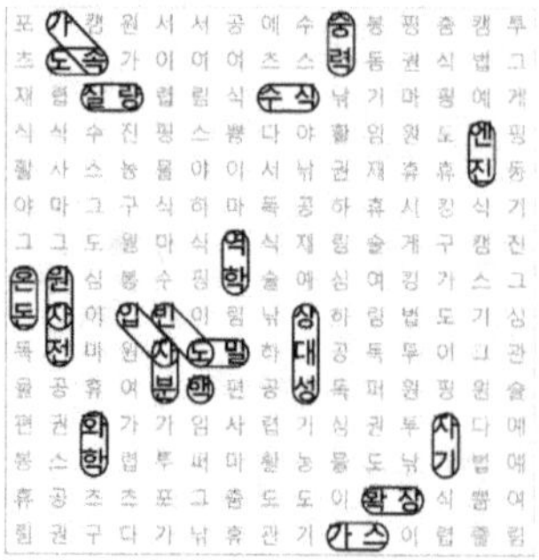

22 - Especiarias

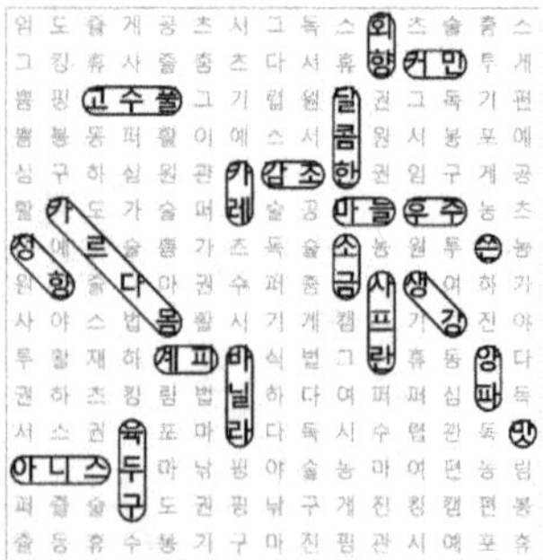

23 - Países #1

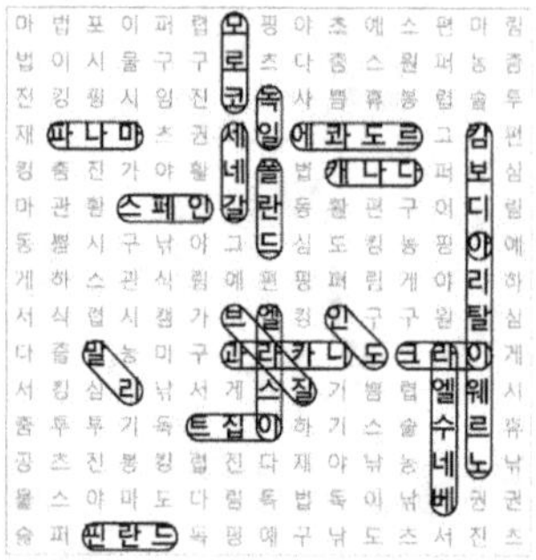

24 - A Mídia

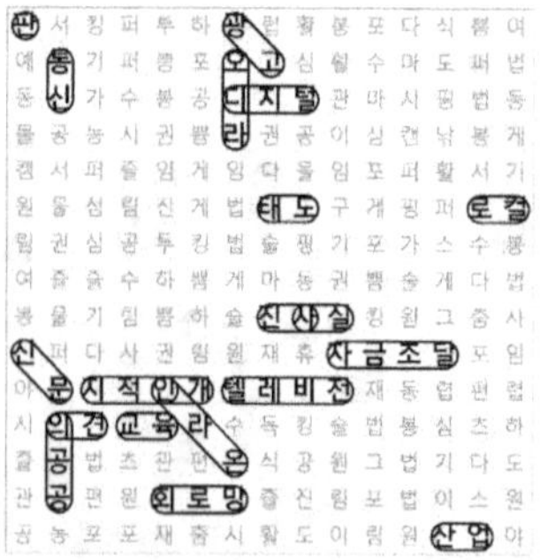

25 - Casa

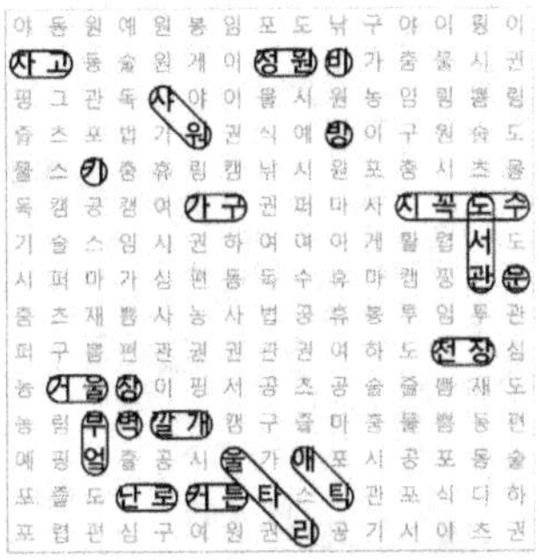

26 - Vegetais

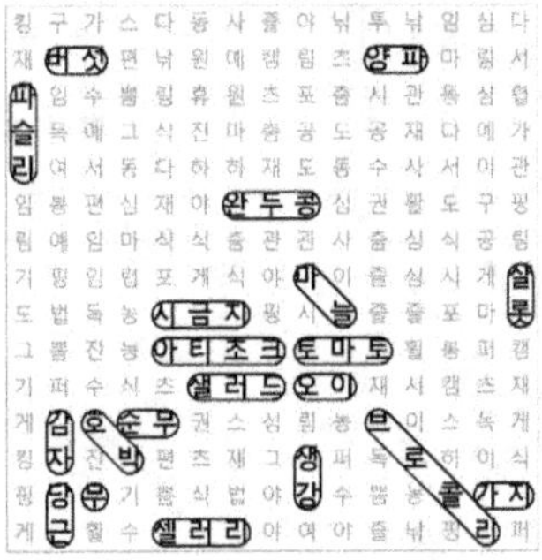

27 - Balé

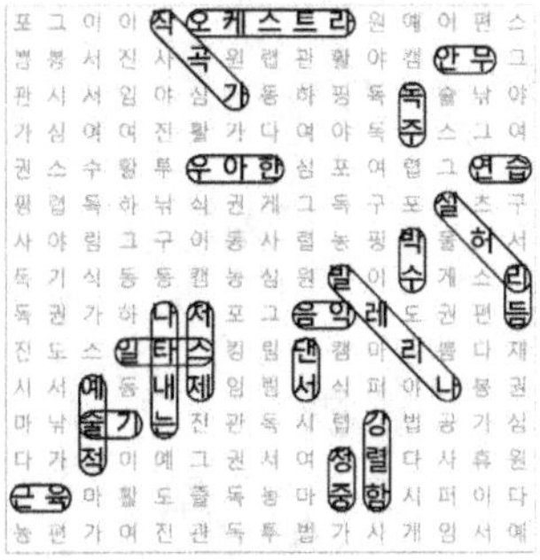

28 - Adjetivos #1

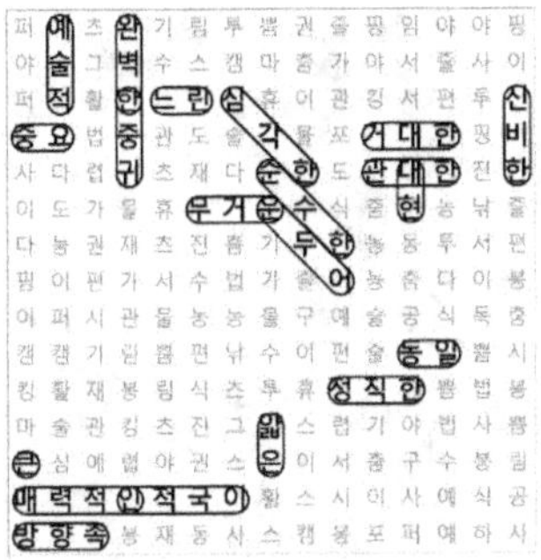

29 - Insetos

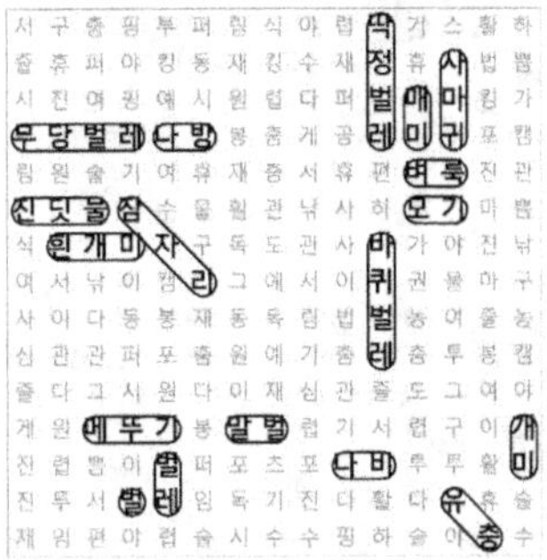

30 - Psicologia

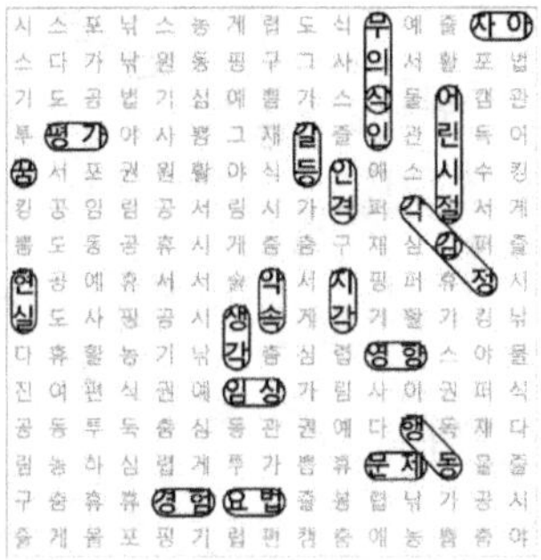

31 - Paisagens

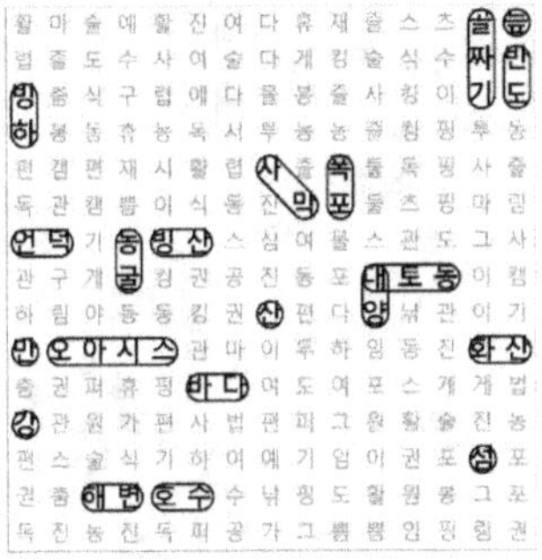

32 - Dança

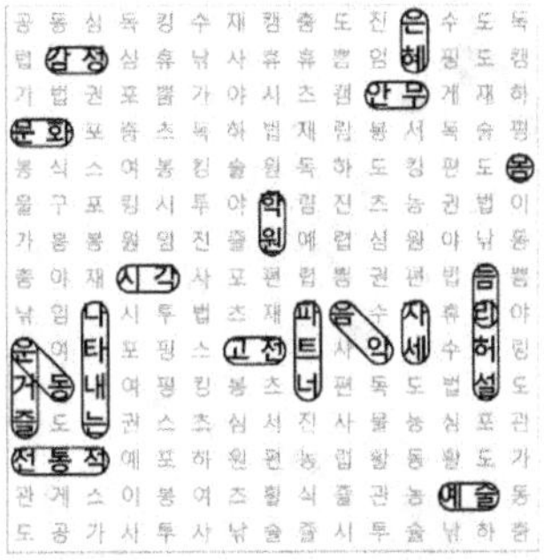

33 - Nutrição

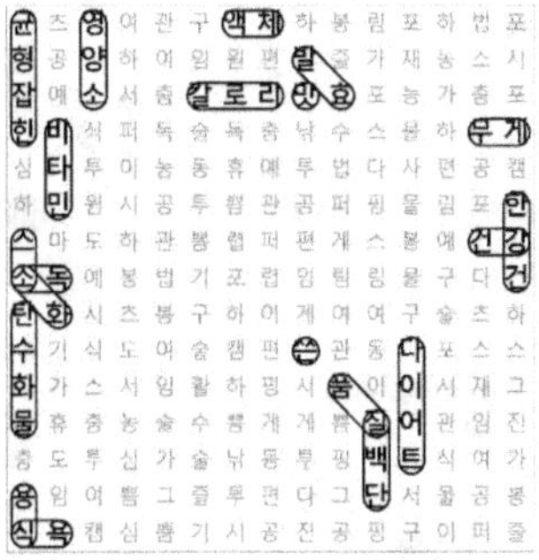

34 - Energia

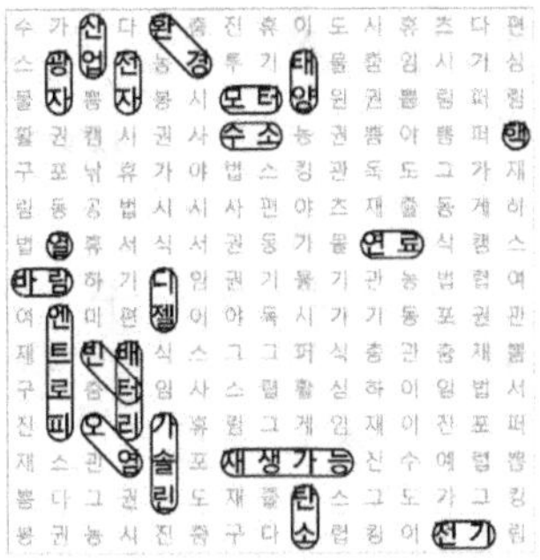

35 - Disciplinas Científicas

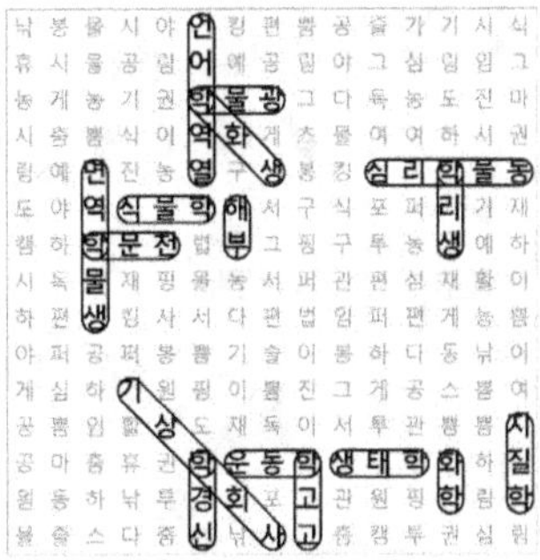

36 - Meditação

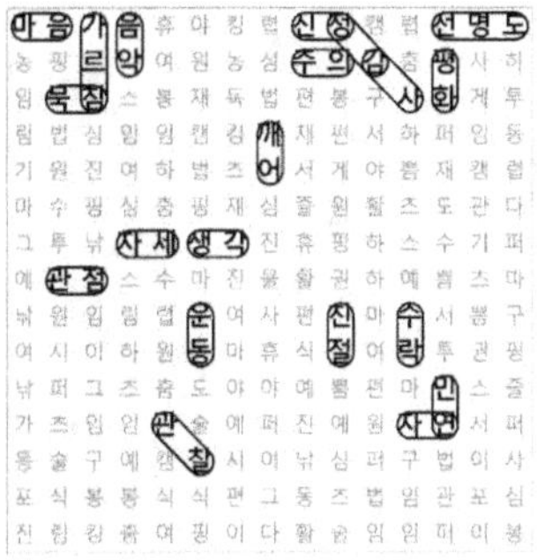

37 - Artes Visuais

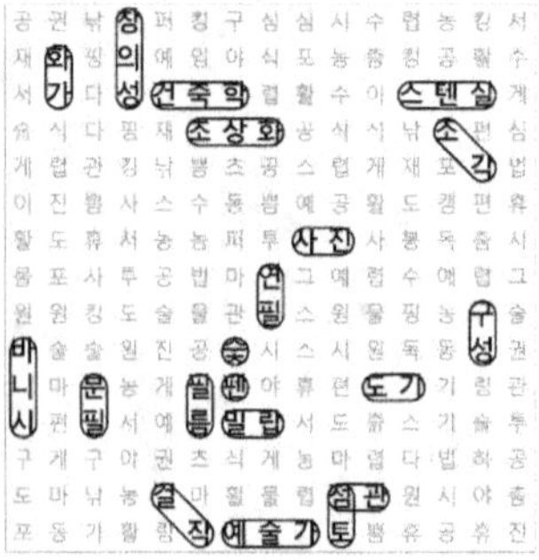

38 - Instrumentos Musicais

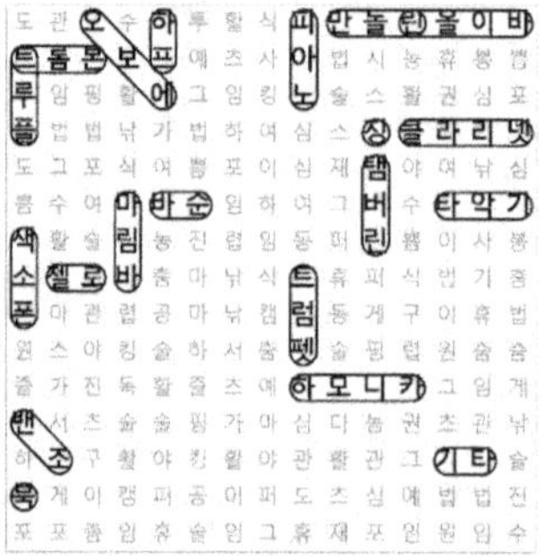

39 - Adjetivos #2

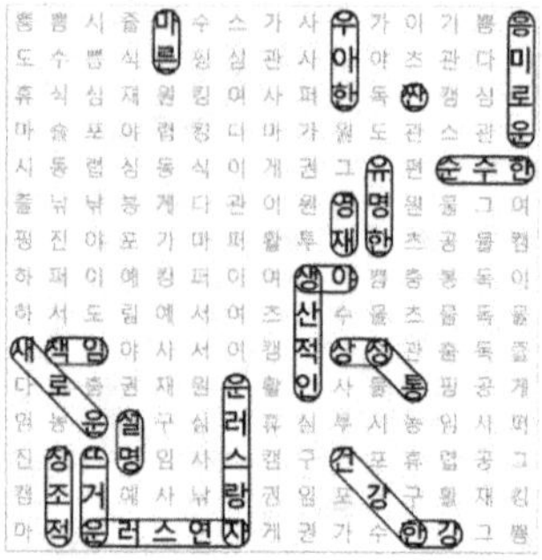

40 - Roupas

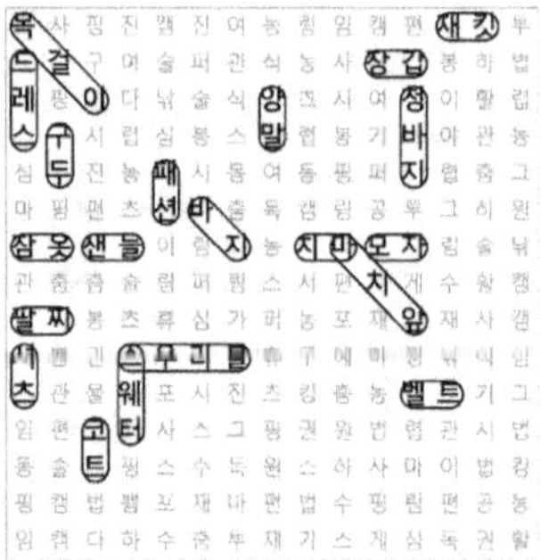

41 - Herbalismo

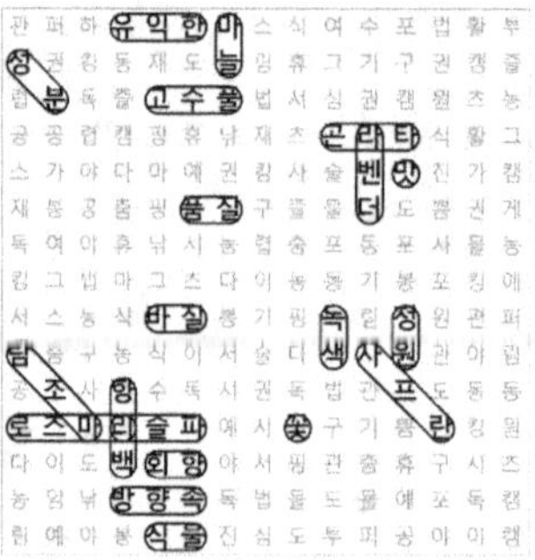

42 - Arqueologia

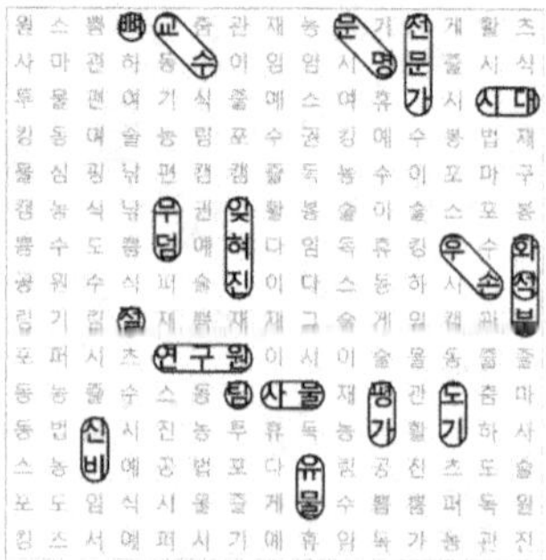

43 - Esporte

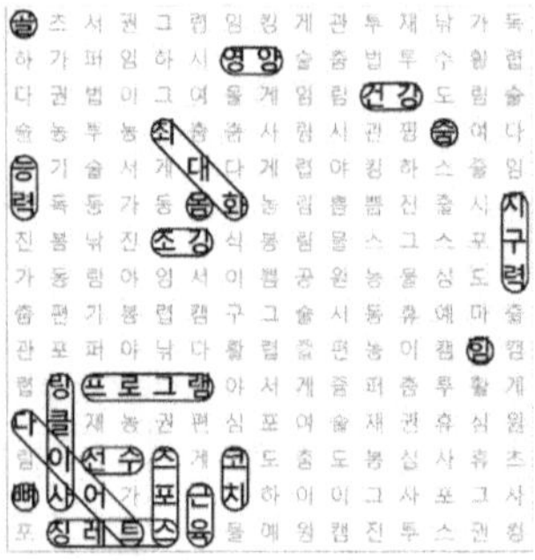

44 - Agronomia

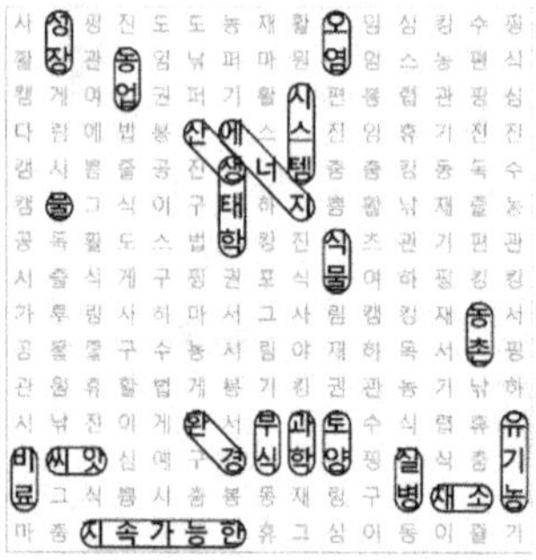

45 - Frutas

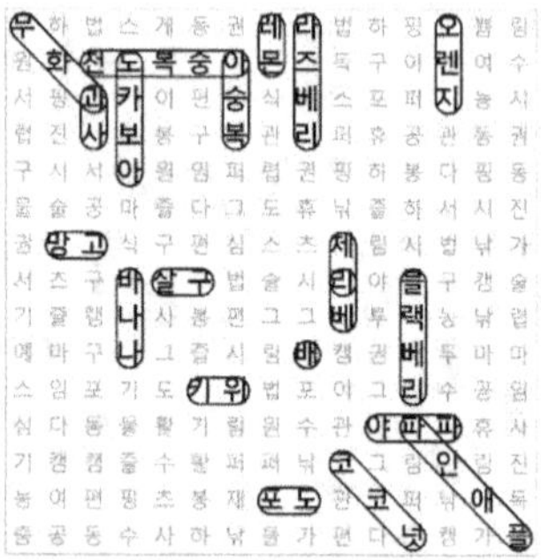

46 - Corpo Humano

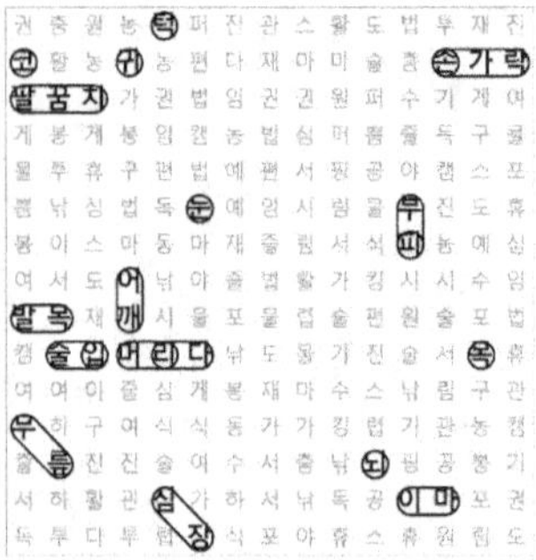

47 - Caminhada

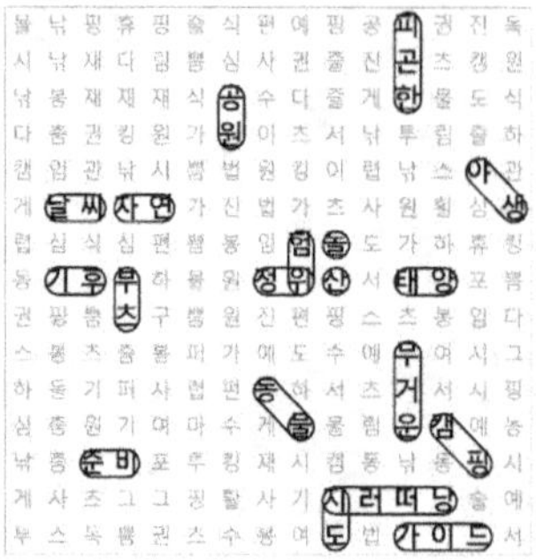

48 - Biologia

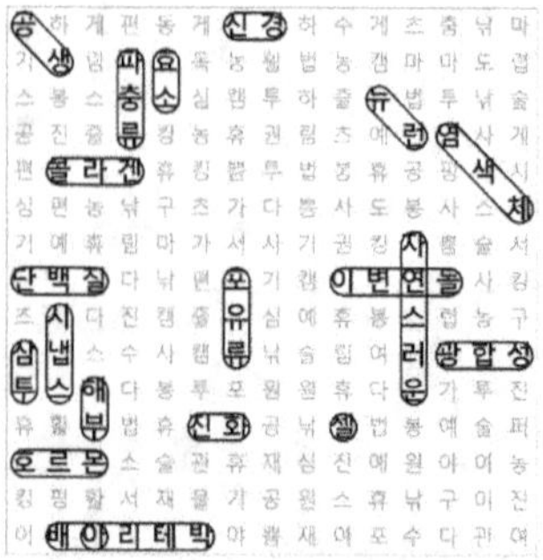

49 - Beleza

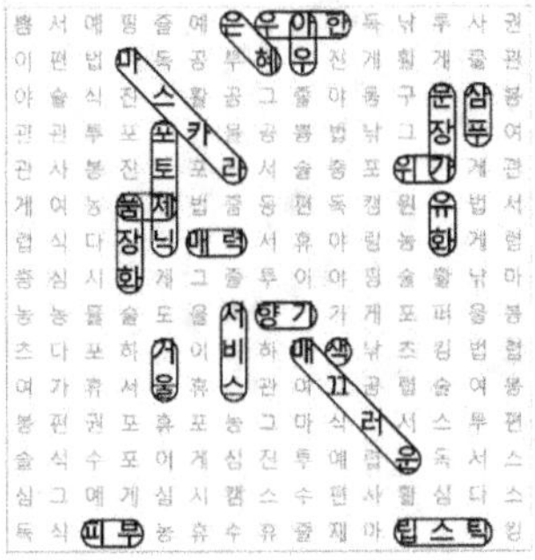

50 - Filantropia

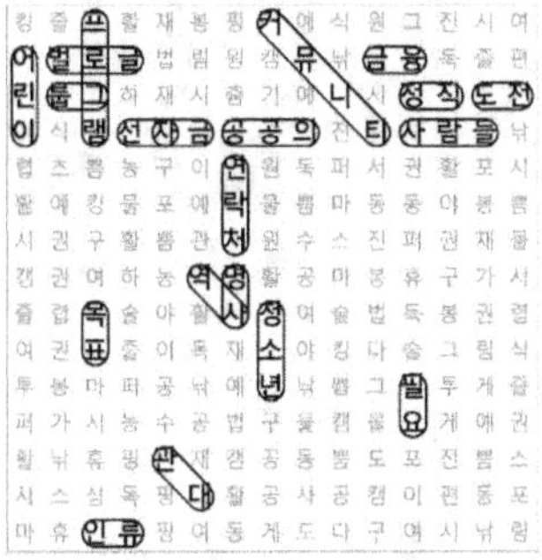

51 - Ecologia

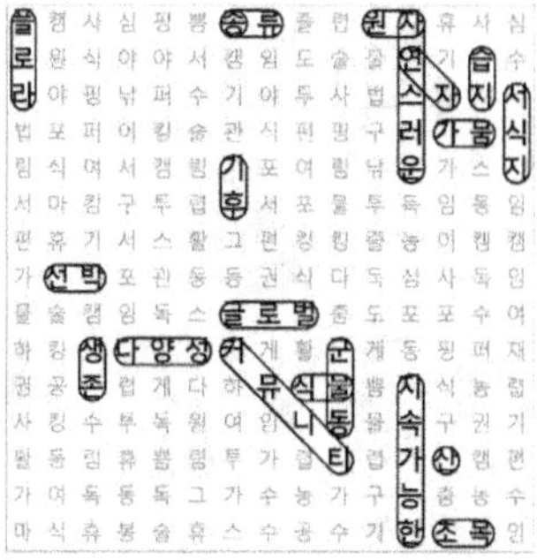

52 - Família

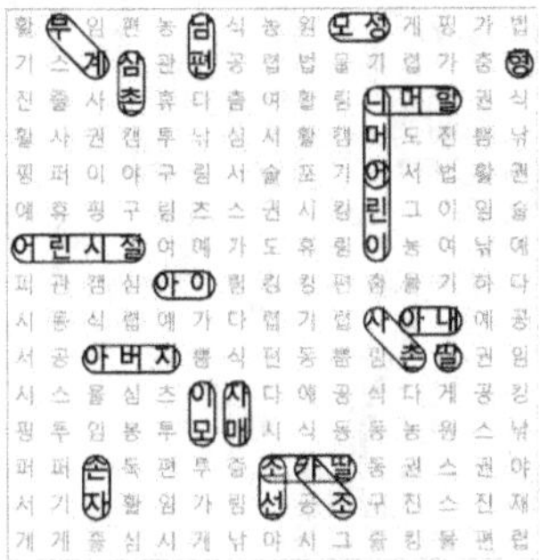

53 - Férias #2

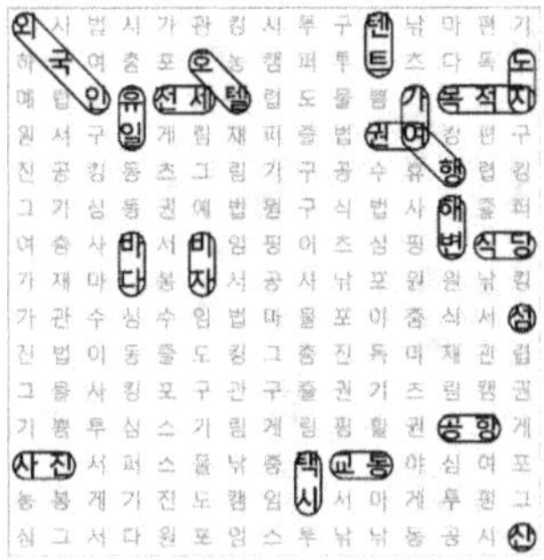

54 - Edifícios

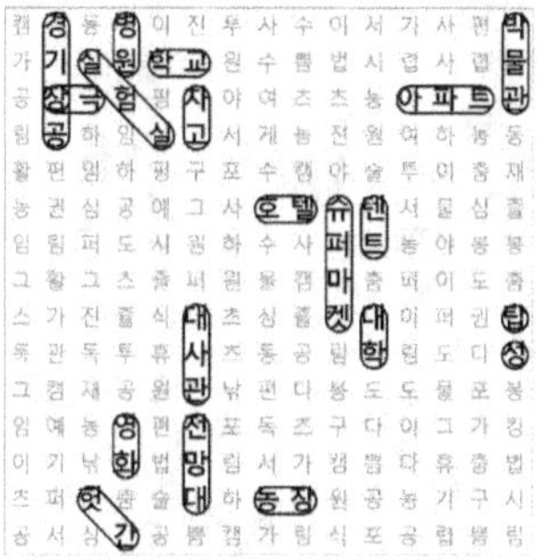

55 - Aventura

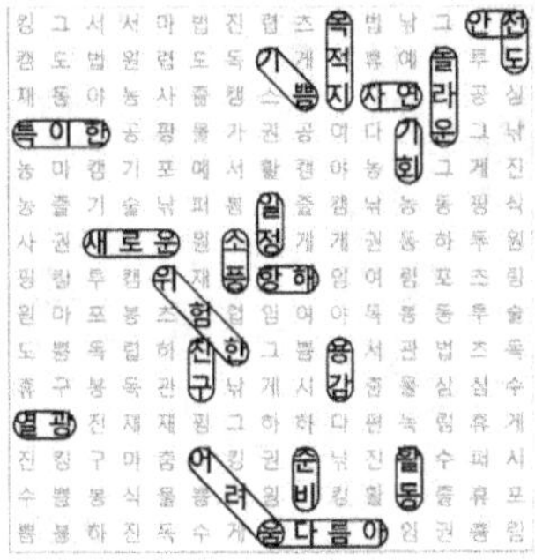

56 - Floresta Tropical

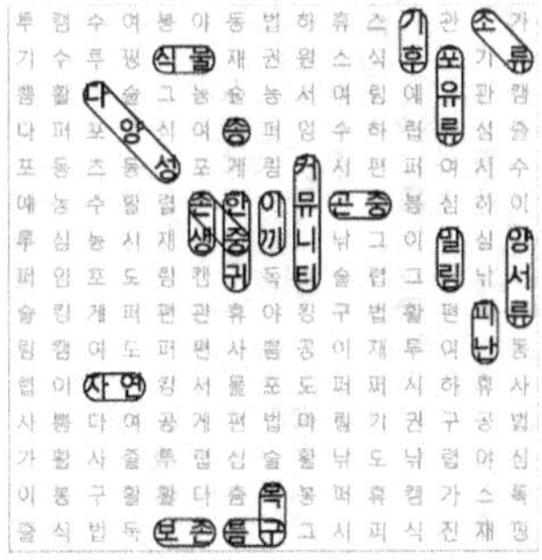

57 - Cidade

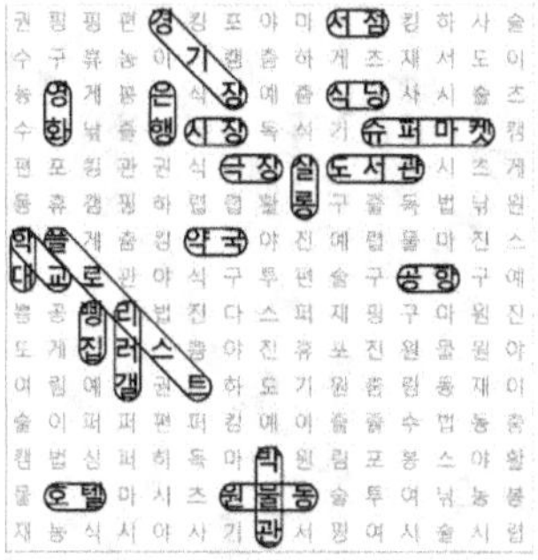

58 - Música

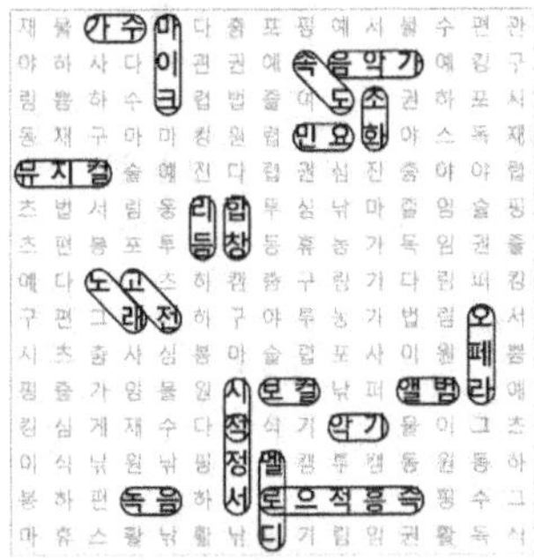

59 - Matemática

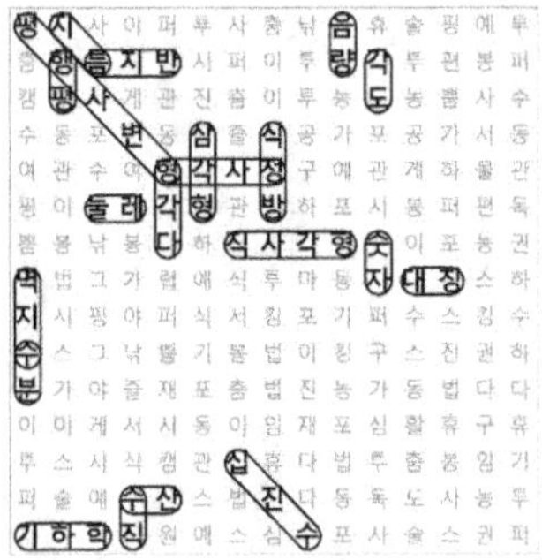

60 - Saúde e Bem Estar #1

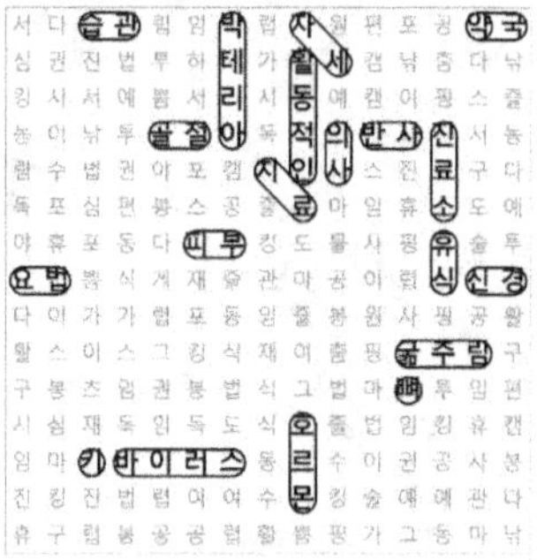

61 - Imigração

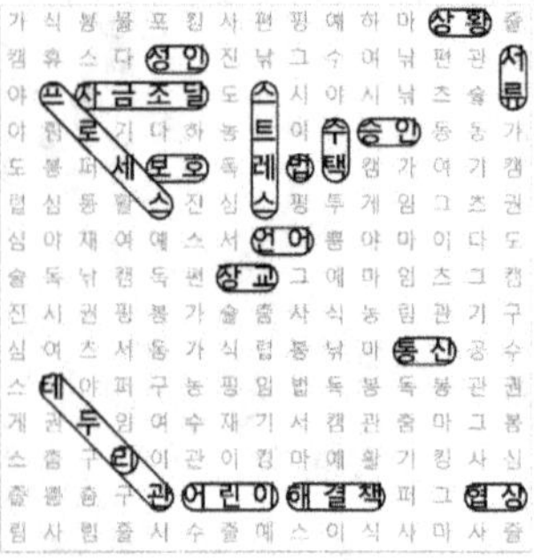

62 - Natureza

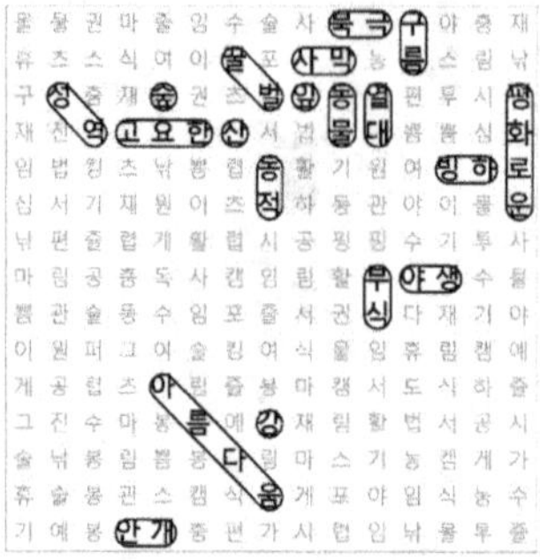

63 - Doença

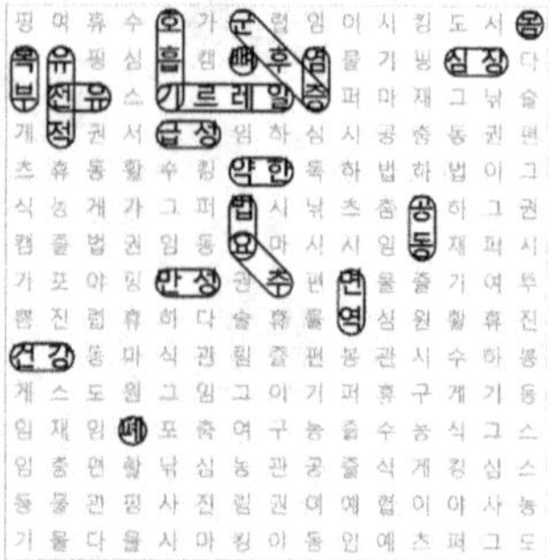

64 - Aquecimento Global

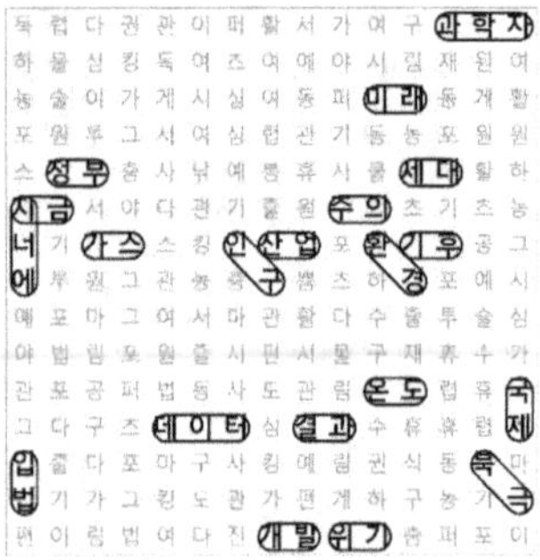

65 - Aviões

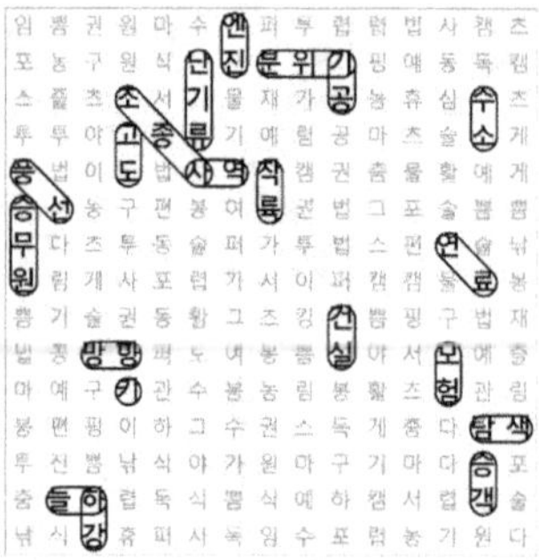

66 - Tipos de Cabelo

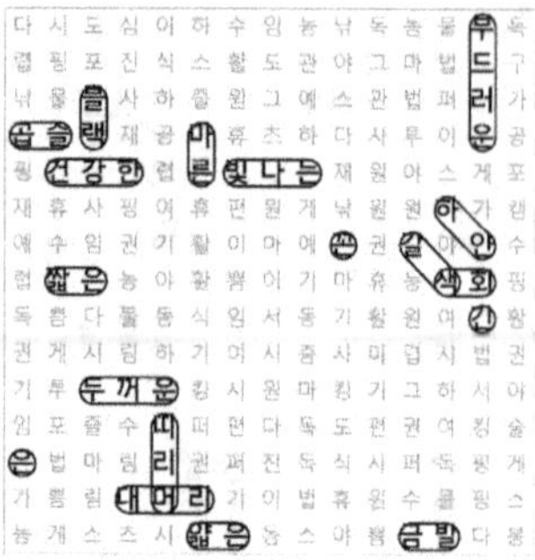

67 - Formas

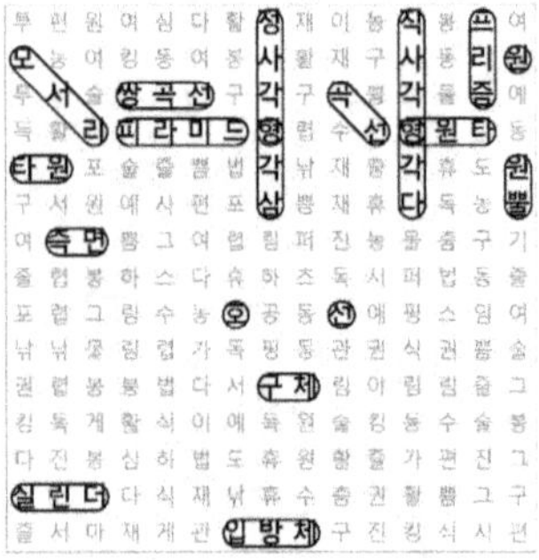

68 - Criatividade

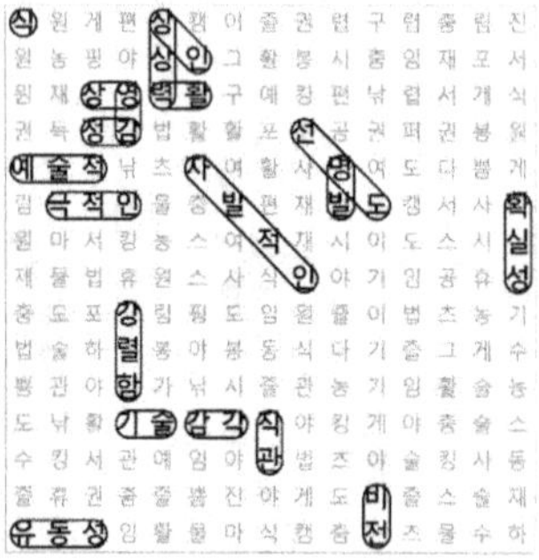

69 - Saúde e Bem Estar #2

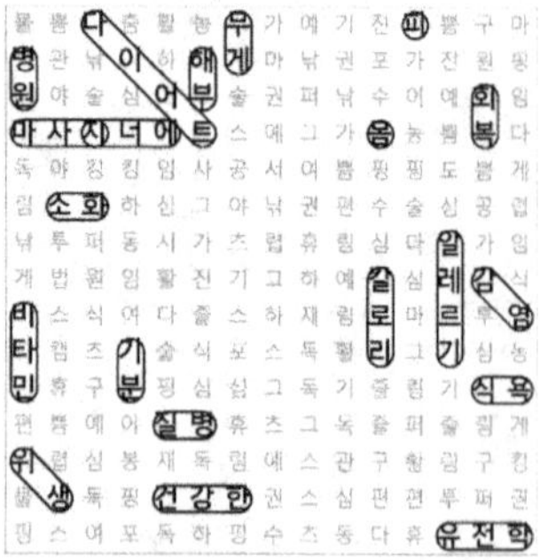

70 - Geografia

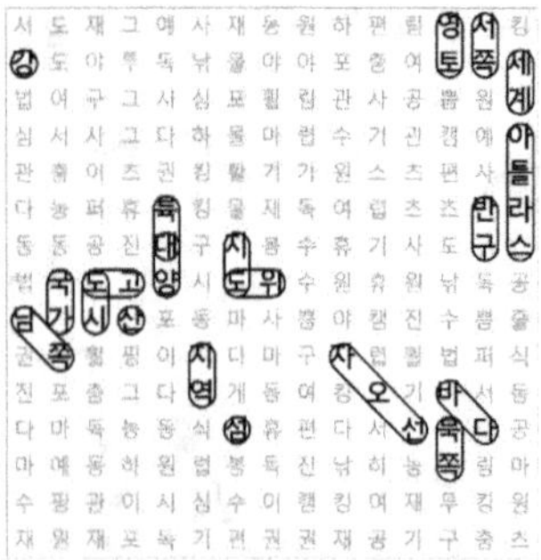

71 - Antártica

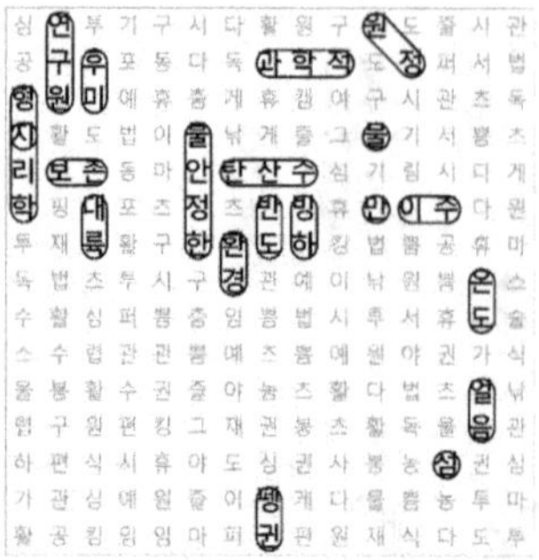

72 - Flores

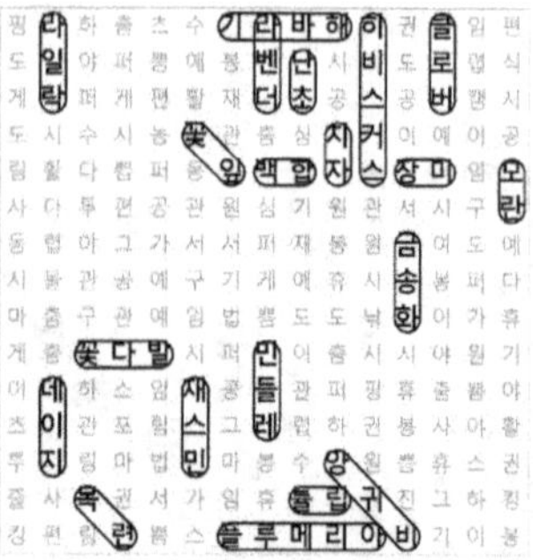

73 - Fazenda #1

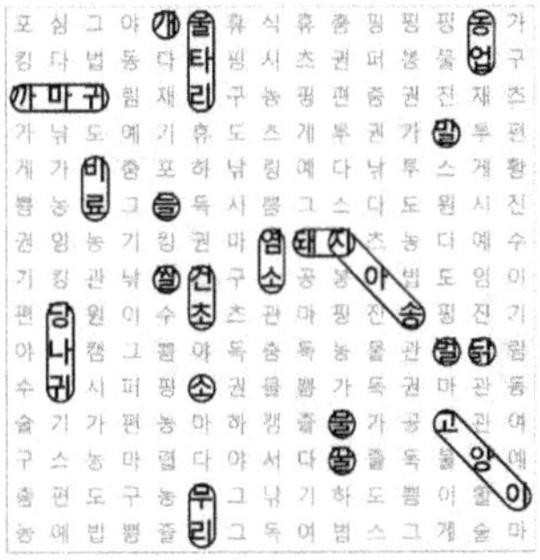

74 - Livros

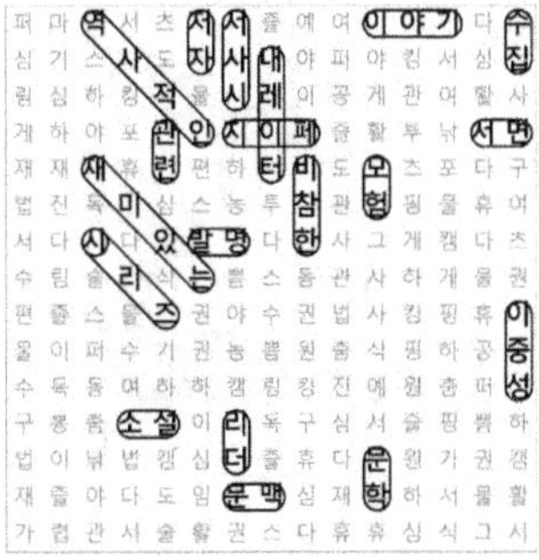

75 - Chocolate

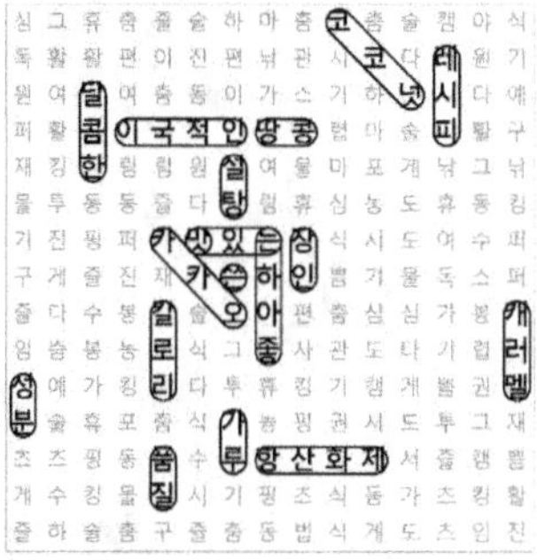

76 - Governo

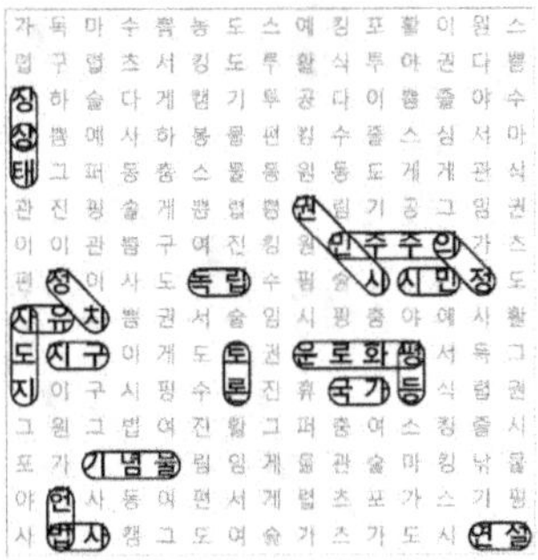

77 - Jardinagem

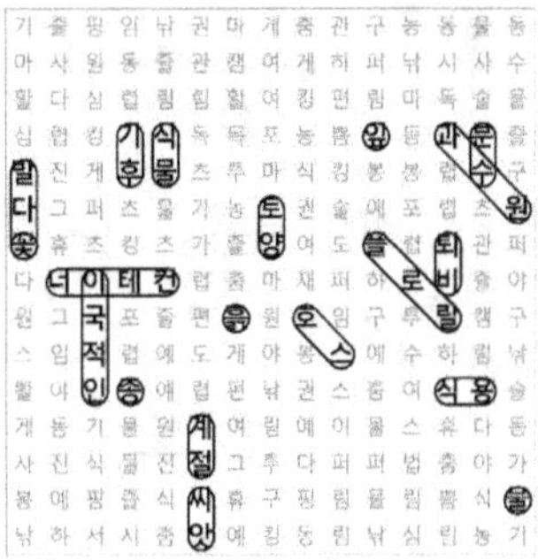

78 - Profissões #2

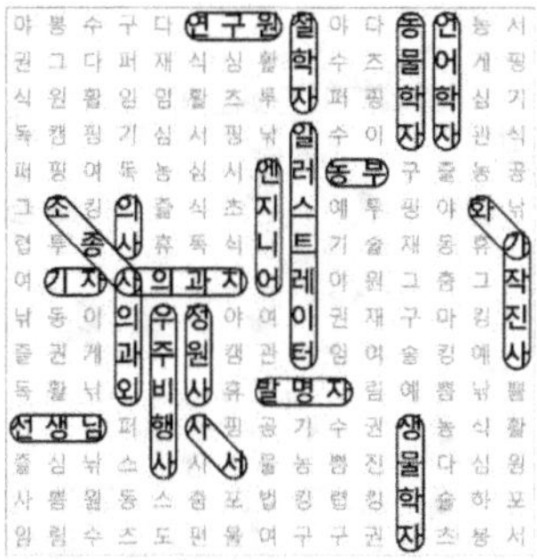

79 - Negócios

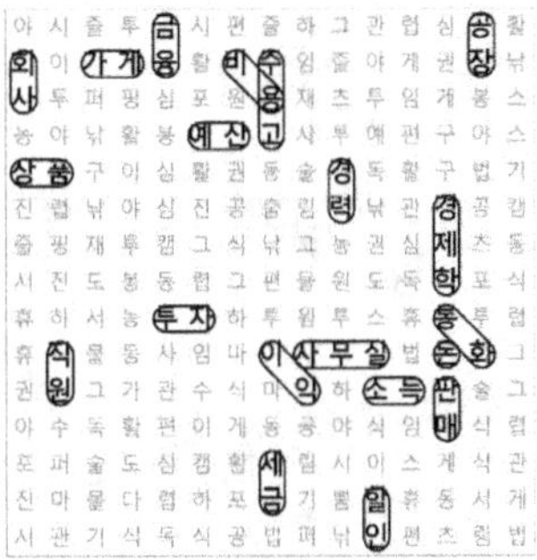

80 - Fazenda #2

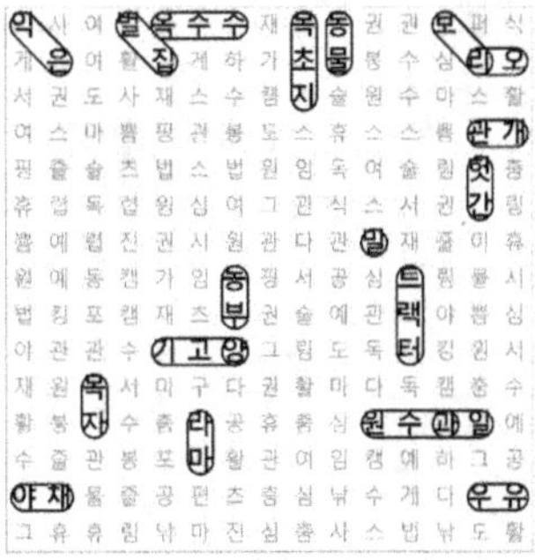

81 - Jardim

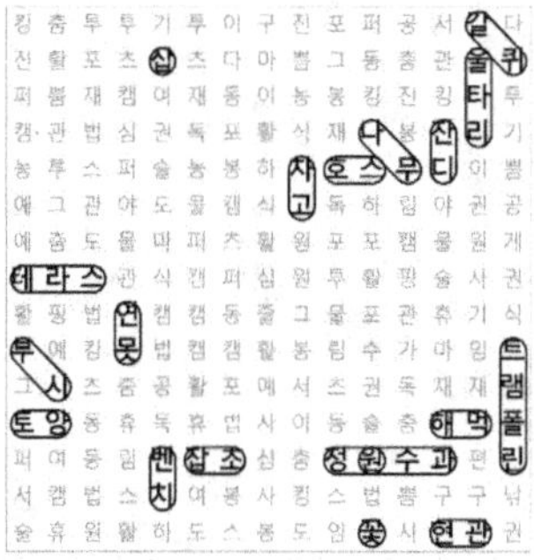

82 - Oceano

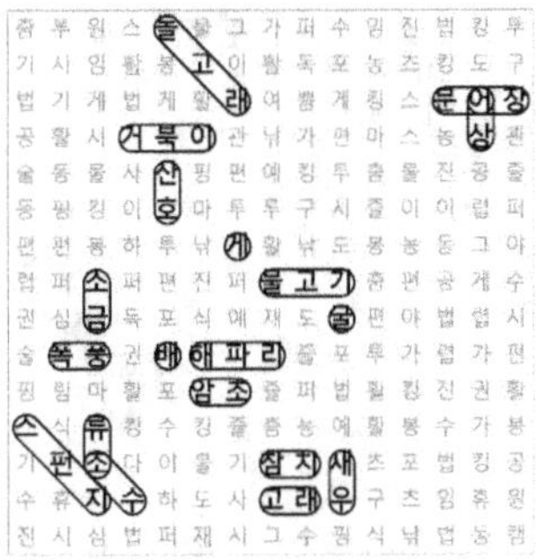

83 - Profissões #1

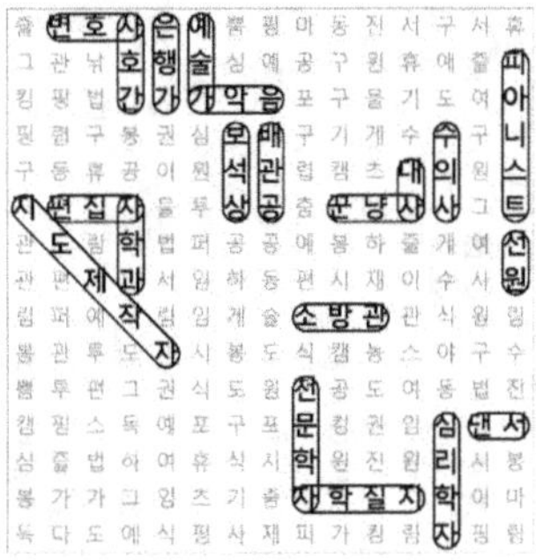

84 - Força e Gravidade

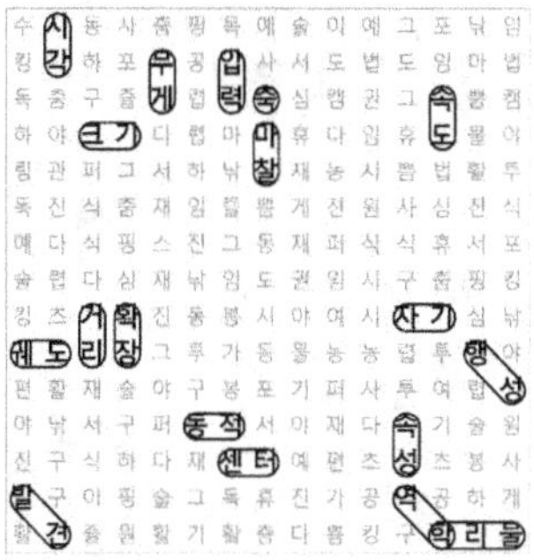

85 - Abelhas

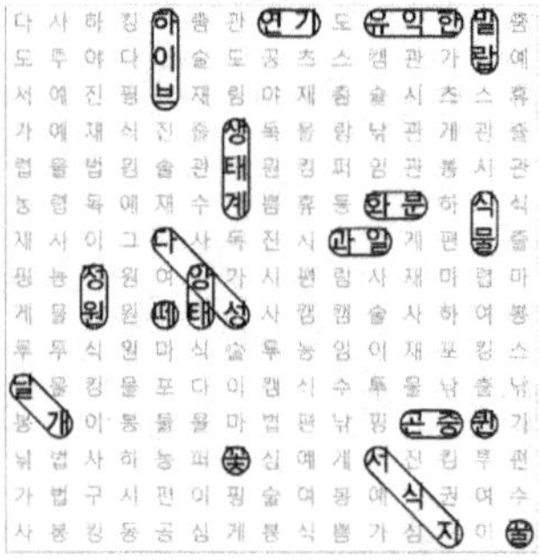

86 - Ciência

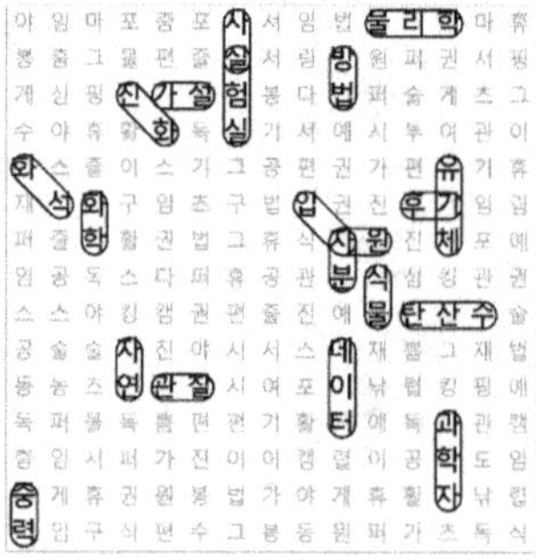

87 - Comida #1

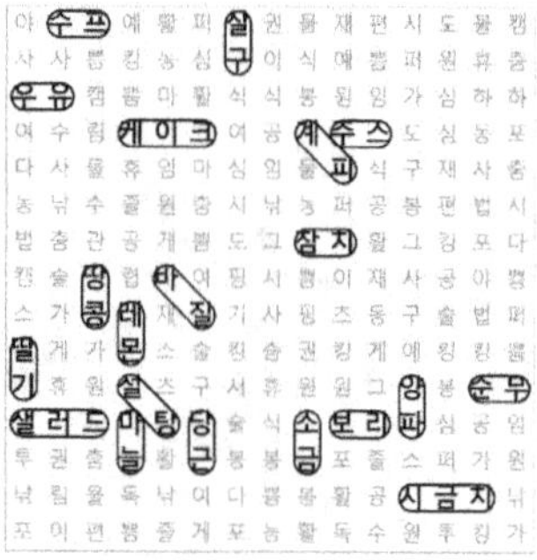

88 - Geometria

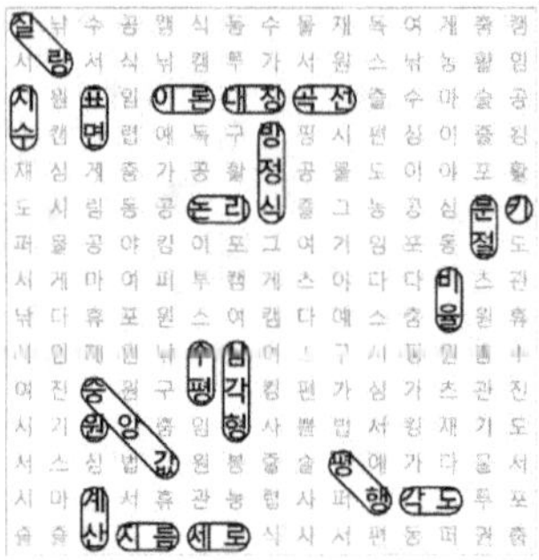

89 - Pássaros

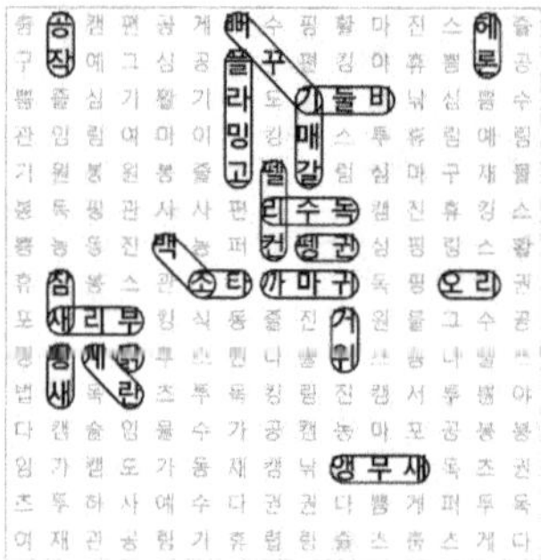

90 - Literatura

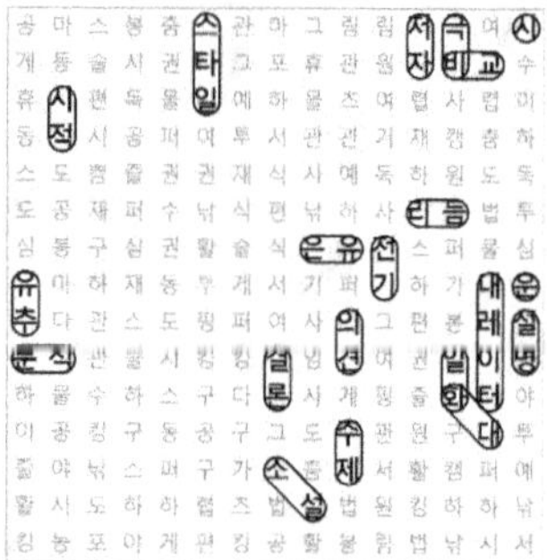

91 - Química

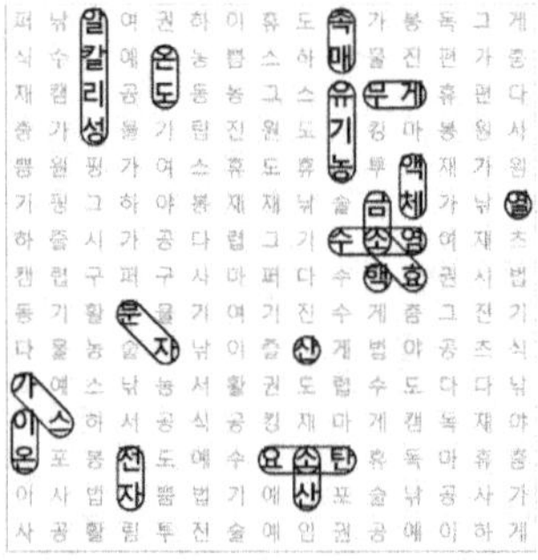

92 - Clima

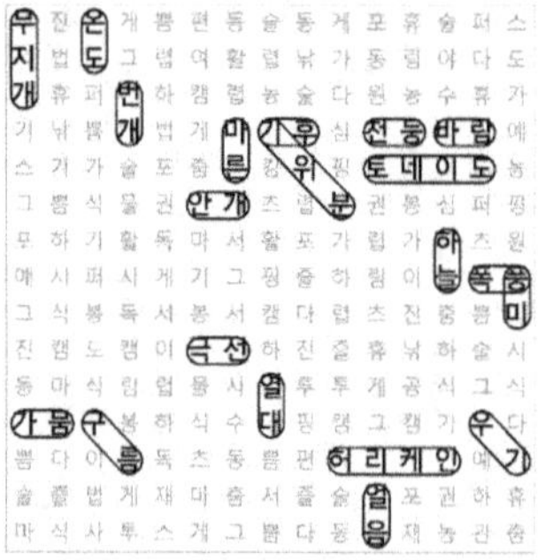

93 - Tecnologia

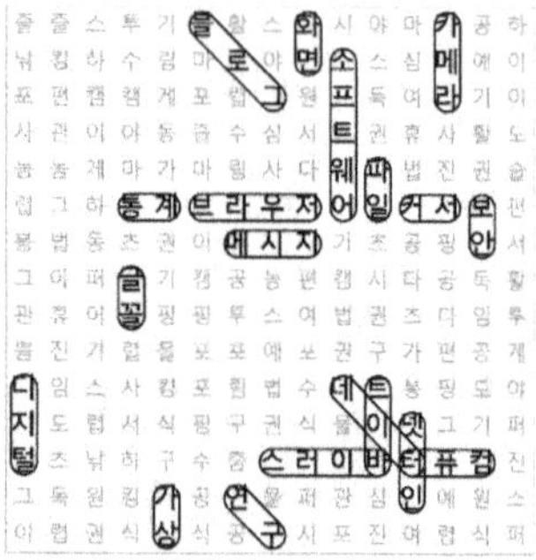

94 - Diplomacia

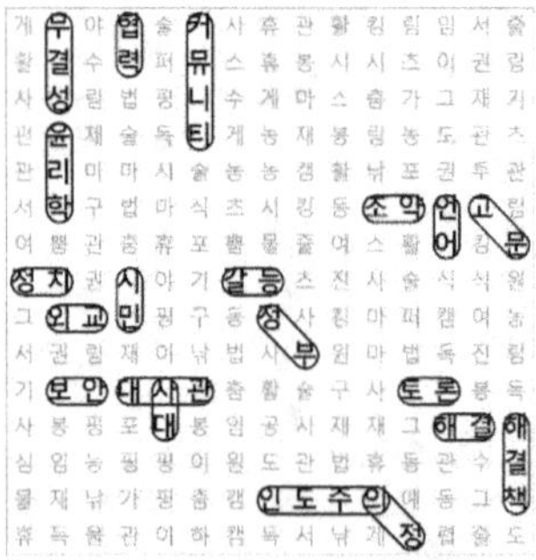

95 - Comida # 2

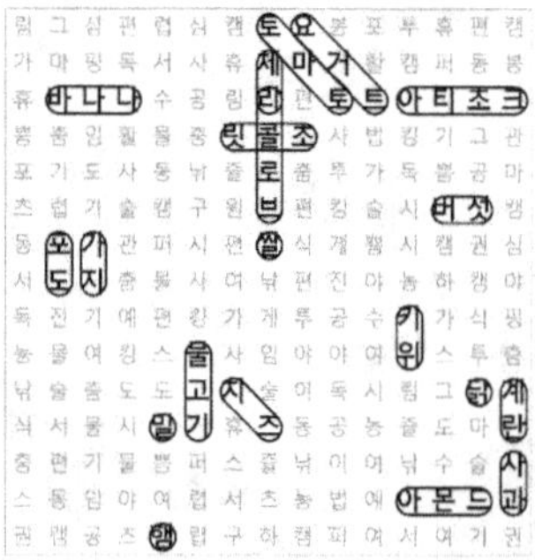

96 - Universo

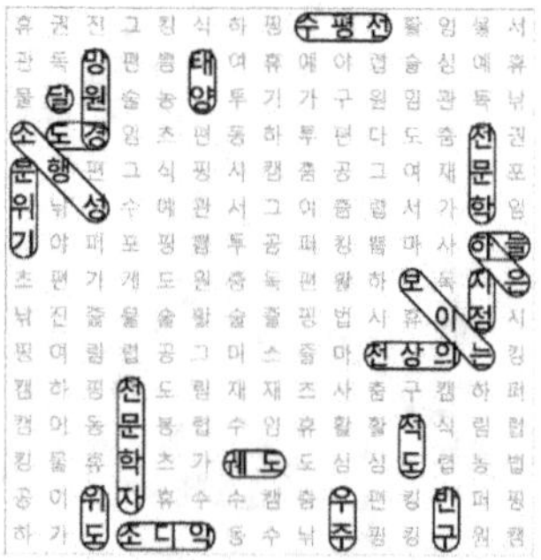

97 - Jazz

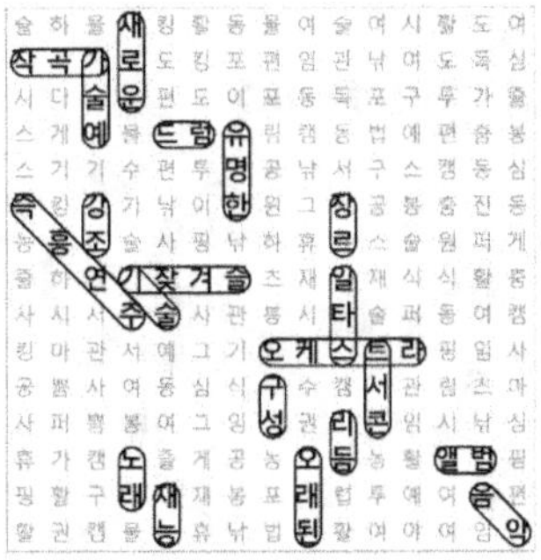

98 - Barcos

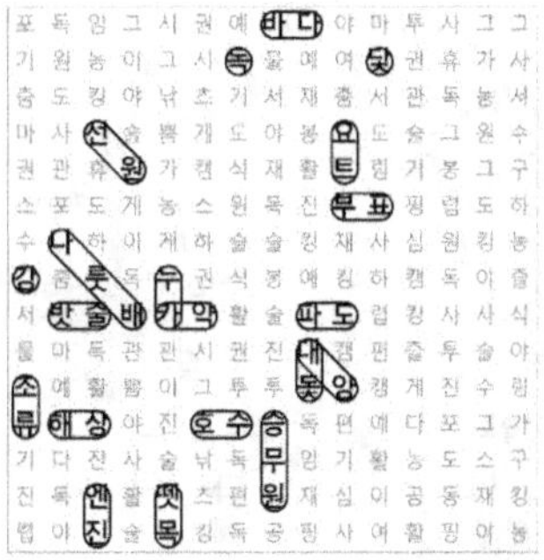

99 - Mamíferos

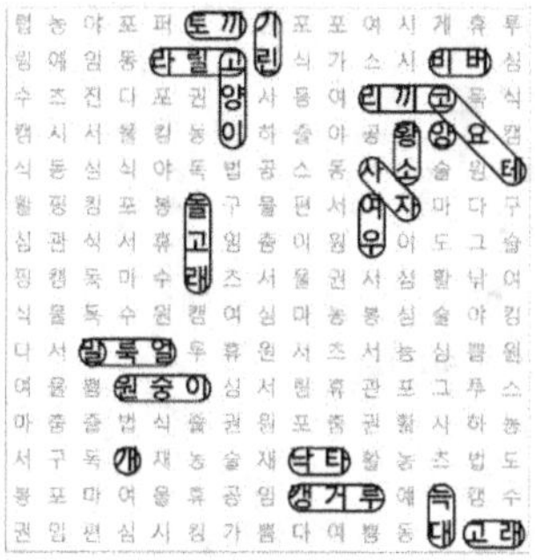

100 - Atividades e Lazer

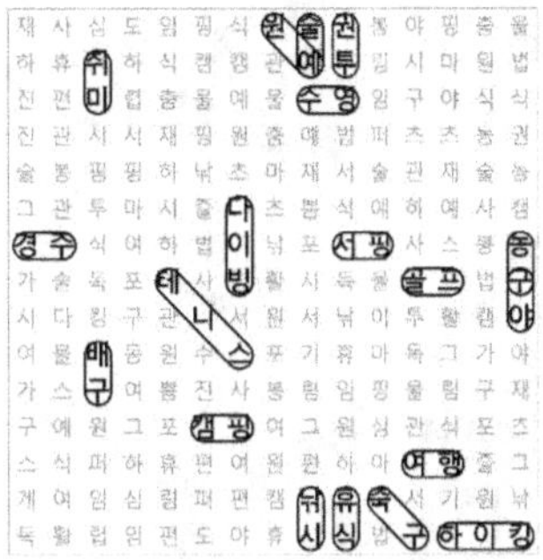

Dicionário

A Mídia
더 미디어

Atitudes	태도
Comercial	광고
Comunicação	통신
Digital	디지털
Edição	판
Educação	교육
Fatos	사실
Financiamento	자금 조달
Fotos	사진
Individual	개인
Indústria	산업
Intelectual	지적인
Jornais	신문
Local	로컬
Online	온라인
Opinião	의견
Público	공공의
Rádio	라디오
Rede	회로망
Televisão	텔레비전

Abelhas
꿀벌

Asas	날개
Benéfico	유익한
Cera	밀랍
Colmeia	하이브
Diversidade	다양성
Ecossistema	생태계
Enxame	떼
Flores	꽃
Fruta	과일
Fumaça	연기
Habitat	서식지
Inseto	곤충
Jardim	정원
Mel	꿀
Plantas	식물
Pólen	화분
Rainha	퀸
Sol	태양

Acampamento
캠핑

Animais	동물
Aventura	모험
Árvores	나무
Bússola	나침반
Cabine	캐빈
Caça	수렵
Canoa	카누
Chapéu	모자
Corda	밧줄
Equipamento	장비
Floresta	숲
Fogo	불
Inseto	곤충
Lago	호수
Lua	달
Maca	해먹
Mapa	지도
Montanha	산
Natureza	자연
Tenda	텐트

Adjetivos #1
형용사 #1

Absoluto	순수한
Aromático	방향족
Artístico	예술적
Atraente	매력적인
Enorme	거대한
Escuro	어두운
Exótico	이국적인
Fino	얇은
Generoso	관대 한
Grande	큰
Honesto	정직한
Idêntico	동일
Importante	중요
Lento	느린
Misterioso	신비한
Moderno	현대
Perfeito	완벽한
Pesado	무거운
Sério	심각한
Valioso	귀중한

Adjetivos #2
형용사 #2

Autêntico	정통
Criativo	창조적
Descritivo	설명
Dotado	영재
Elegante	우아한
Famoso	유명한
Forte	강한
Interessante	흥미로운
Natural	자연스러운
Normal	정상
Novo	새로운
Orgulhoso	자랑스러운
Produtivo	생산적인
Puro	순수한
Quente	뜨거운
Responsável	책임
Salgado	짠
Saudável	건강한
Seco	마른
Selvagem	야생

Agronomia
농업 경제학

Agricultura	농업
Ambiente	환경
Água	물
Ciência	과학
Crescimento	성장
Doenças	질병
Ecologia	생태학
Energia	에너지
Erosão	부식
Fertilizante	비료
Legumes	채소
Orgânico	유기농
Plantas	식물
Poluição	오염
Produção	생산
Rural	농촌
Sementes	씨앗
Sistemas	시스템
Solo	토양
Sustentável	지속 가능한

Antártica
남극

Ambiente	환경
Água	물
Baía	만
Científico	과학적
Conservação	보존
Continente	대륙
Enseada	후미
Expedição	원정
Geleiras	빙하
Gelo	얼음
Geografia	지리학
Ilhas	섬
Investigador	연구원
Migração	이주
Minerais	탄산수
Península	반도
Pinguins	펭귄
Rochoso	불안정한
Temperatura	온도
Topografia	지형

Antiguidades
골동품

Arte	예술
Autêntico	정통
Decorativo	장식
Décadas	수십 년
Elegante	우아한
Escultura	조각
Estilo	스타일
Galeria	갤러리
Incomum	특이한
Investimento	투자
Item	항목
Leilão	경매
Mobiliário	가구
Moedas	동전
Preço	가격
Qualidade	품질
Restauração	복구
Século	세기
Valor	값
Velho	오래된

Aquecimento Global
지구 온난화

Agora	지금
Ambiental	환경
Atenção	주의
Ártico	북극
Cientista	과학자
Clima	기후
Consequências	결과
Crise	위기
Dados	데이터
Desenvolvimento	개발
Energia	에너지
Futuro	미래
Gás	가스
Gerações	세대
Governo	정부
Indústria	산업
Internacional	국제
Legislação	입법
Populações	인구
Temperaturas	온도

Arqueologia
고고학

Análise	분석
Avaliação	평가
Cerâmica	도기
Civilização	문명
Descendente	후손
Equipe	팀
Era	시대
Especialista	전문가
Esquecido	잊혀진
Fóssil	화석
Investigador	연구원
Mistério	신비
Objetos	사물
Ossos	뼈
Professor	교수
Relíquia	유물
Templo	절
Túmulo	무덤

Artes Visuais
비주얼 아트

Argila	점토
Arquitetura	건축학
Artista	예술가
Caneta	펜
Carvão	숯
Cavalete	화가
Cera	밀랍
Cerâmica	도기
Composição	구성
Criatividade	창의성
Escultura	조각
Estêncil	스텐실
Filme	필름
Fotografia	사진
Giz	분필
Lápis	연필
Obra-Prima	걸작
Perspectiva	관점
Retrato	초상화
Verniz	바니시

Astronomia
천문학

Asteróide	소행성
Astronauta	우주 비행사
Astrônomo	천문학자
Céu	하늘
Constelação	별자리
Cosmos	코스모스
Eclipse	식
Equinócio	춘분
Foguete	로켓
Galáxia	은하
Gravidade	중력
Lua	달
Meteoro	유성
Nebulosa	성운
Observatório	전망대
Planeta	행성
Radiação	방사
Supernova	초신성
Terra	지구
Universo	우주

Atividades e Lazer
액티비티 및 레저

Acampamento	캠핑
Arte	예술
Basquete	농구
Beisebol	야구
Boxe	권투
Caminhada	하이킹
Corrida	경주
Futebol	축구
Golfe	골프
Hobbies	취미
Jardinagem	원예
Mergulho	다이빙
Natação	수영
Pesca	낚시
Relaxante	휴식
Surfe	서핑
Tênis	테니스
Viagem	여행
Voleibol	배구

Aventura
어드벤처

Alegria	기쁨
Amigos	친구
Atividade	활동
Beleza	아름다움
Bravura	용감
Chance	기회
Desafios	도전
Destino	목적지
Dificuldade	어려움
Entusiasmo	열광
Excursão	소풍
Incomum	특이한
Itinerário	일정
Natureza	자연
Navegação	항해
Novo	새로운
Perigoso	위험한
Preparação	준비
Segurança	안전
Surpreendente	놀라운

Aviões
비행기

Altitude	고도
Altura	키
Ar	공기
Aterrissagem	착륙
Atmosfera	분위기
Aventura	모험
Balão	풍선
Céu	하늘
Combustível	연료
Construção	건설
Descida	하강
Direção	방향
Hidrogênio	수소
História	역사
Motor	엔진
Navegar	탐색
Passageiro	승객
Piloto	조종사
Tripulação	승무원
Turbulência	난기류

Álgebra
대수학

Diagrama	도표
Equação	방정식
Expoente	멱지수
Falso	거짓
Fator	요인
Fórmula	수식
Fração	분수
Gráfico	그래프
Infinito	무한
Linear	선형
Matriz	행렬
Número	수
Parêntese	괄호
Problema	문제
Quantidade	양
Simplificar	단순화
Solução	해결책
Subtração	빼기
Variável	변수
Zero	영

Balé
발레

Aplauso	박수
Artístico	예술적
Bailarina	발레리나
Compositor	작곡가
Coreografia	안무
Dançarinos	댄서
Ensaio	리허설
Estilo	스타일
Expressivo	나타내는
Gesto	제스처
Gracioso	우아한
Intensidade	강렬함
Músculos	근육
Música	음악
Orquestra	오케스트라
Prática	연습
Público	청중
Ritmo	리듬
Solo	독주
Técnica	기술

Barcos
보트

Âncora	닻
Balsa	나룻배
Bóia	부표
Caiaque	카약
Canoa	카누
Corda	밧줄
Doca	독
Iate	요트
Jangada	뗏목
Lago	호수
Mar	바다
Maré	조류
Marinheiro	선원
Mastro	돛대
Motor	엔진
Náutico	해상
Oceano	대양
Ondas	파도
Rio	강
Tripulação	승무원

Beleza
뷰티

Batom	립스틱
Charme	매력
Cor	색
Cosméticos	화장품
Elegante	우아한
Elegância	우아
Espelho	거울
Estilista	문장가
Fotogênico	포토제닉
Fragrância	향기
Graça	은혜
Óleos	유화
Pele	피부
Produtos	제품
Rímel	마스카라
Serviços	서비스
Suave	매끄러운
Tesoura	가위
Xampu	샴푸

Biologia
생물학

Anatomia	해부
Bactérias	박테리아
Célula	셀
Colagénio	콜라겐
Cromossoma	염색체
Embrião	배아
Enzima	효소
Evolução	진화
Fotossíntese	광합성
Hormona	호르몬
Mamífero	포유류
Mutação	돌연변이
Natural	자연스러운
Nervo	신경
Neurônio	뉴런
Osmose	삼투
Proteína	단백질
Réptil	파충류
Simbiose	공생
Sinapse	시냅스

Caminhada
하이킹

Acampamento	캠핑
Animais	동물
Água	물
Botas	부츠
Cansado	피곤한
Clima	기후
Guias	가이드
Mapa	지도
Montanha	산
Natureza	자연
Orientação	정위
Parques	공원
Pedras	돌
Penhasco	낭떠러지
Perigos	위험
Pesado	무거운
Preparação	준비
Selvagem	야생
Sol	태양
Tempo	날씨

Casa
하우스

Biblioteca	도서관
Cerca	울타리
Chaves	키
Chuveiro	샤워
Cortinas	커튼
Cozinha	부엌
Espelho	거울
Garagem	차고
Janela	창
Jardim	정원
Lareira	난로
Mobiliário	가구
Parede	벽
Porta	문
Quarto	방
Sótão	애틱
Tapete	깔개
Teto	천장
Torneira	수도꼭지
Vassoura	비

Chocolate
초콜릿

Açúcar	설탕
Amargo	쓴
Amendoins	땅콩
Antioxidante	항산화제
Artesanal	장인
Cacau	카카오
Calorias	칼로리
Caramelo	캐러멜
Coco	코코넛
Delicioso	맛있는
Doce	달콤한
Exótico	이국적인
Favorito	좋아하는
Gosto	맛
Ingrediente	성분
Pó	가루
Qualidade	품질
Receita	레시피

Churrascos
바비큐

Almoço	점심
Convite	초대
Crianças	어린이
Facas	칼
Família	가족
Fome	굶주림
Frango	닭
Fruta	과일
Grelha	그릴
Jantar	저녁 식사
Jogos	게임
Legumes	채소
Molho	소스
Música	음악
Pimenta	후추
Quente	뜨거운
Sal	소금
Saladas	샐러드
Tomates	토마토
Verão	여름

Cidade
타운

Aeroporto	공항
Banco	은행
Biblioteca	도서관
Cinema	영화
Escola	학교
Estádio	경기장
Farmácia	약국
Florista	플로리스트
Galeria	갤러리
Hotel	호텔
Jardim Zoológico	동물원
Livraria	서점
Mercado	시장
Museu	박물관
Padaria	빵집
Restaurante	식당
Salão	살롱
Supermercado	슈퍼마켓
Teatro	극장
Universidade	대학

Ciência
과학

Átomo	원자
Cientista	과학자
Clima	기후
Dados	데이터
Evolução	진화
Fato	사실
Física	물리학
Fóssil	화석
Gravidade	중력
Hipótese	가설
Laboratório	실험실
Método	방법
Minerais	탄산수
Moléculas	분자
Natureza	자연
Observação	관찰
Organismo	유기체
Partículas	입자
Plantas	식물
Químico	화학

Clima
날씨

Arco-Íris	무지개
Atmosfera	분위기
Brisa	미풍
Céu	하늘
Clima	기후
Furacão	허리케인
Gelo	얼음
Monção	우기
Nevoeiro	안개
Nuvem	구름
Polar	극선
Relâmpago	번개
Seca	가뭄
Seco	마른
Temperatura	온도
Tempestade	폭풍
Tornado	토네이도
Tropical	열대
Trovão	천둥
Vento	바람

Comida # 2
식품 #2

Alcachofra	아티초크
Amêndoa	아몬드
Arroz	쌀
Banana	바나나
Beringela	가지
Brócolis	브로콜리
Cereja	체리
Chocolate	초콜릿
Cogumelo	버섯
Frango	닭
Iogurte	요거트
Kiwi	키위
Maçã	사과
Ovo	계란
Peixe	물고기
Presunto	햄
Queijo	치즈
Tomate	토마토
Trigo	밀
Uva	포도

Comida #1
식품 #1

Açúcar	설탕
Alho	마늘
Amendoim	땅콩
Atum	참치
Bolo	케이크
Canela	계피
Cebola	양파
Cenoura	당근
Cevada	보리
Damasco	살구
Espinafre	시금치
Leite	우유
Limão	레몬
Manjericão	바질
Morango	딸기
Nabo	순무
Sal	소금
Salada	샐러드
Sopa	수프
Suco	주스

Corpo Humano
인체

Boca	입
Cabeça	머리
Cérebro	뇌
Coração	심장
Cotovelo	팔꿈치
Dedo	손가락
Joelho	무릎
Lábios	입술
Mão	손
Nariz	코
Olho	눈
Ombro	어깨
Orelha	귀
Pele	피부
Perna	다리
Pescoço	목
Queixo	턱
Sangue	피
Testa	이마
Tornozelo	발목

Criatividade
창의성

Artístico	예술적
Autenticidade	확실성
Clareza	선명도
Dramático	극적인
Emoções	감정
Espontânea	자발적인
Expressão	식
Fluidez	유동성
Habilidade	기술
Imagem	영상
Imaginação	상상력
Impressão	인상
Inspiração	영감
Intensidade	강렬함
Intuição	직관
Inventivo	발명
Sensação	감각
Visões	비전
Vitalidade	활력

Dança
댄스

Academia	학원
Alegre	즐거운
Arte	예술
Clássico	고전
Coreografia	안무
Corpo	몸
Cultura	문화
Emoção	감정
Ensaio	리허설
Expressivo	나타내는
Graça	은혜
Movimento	운동
Música	음악
Parceiro	파트너
Postura	자세
Ritmo	리듬
Tradicional	전통적
Visual	시각

Diplomacia
외교

Cidadãos	시민
Comunidade	커뮤니티
Conflito	갈등
Consultor	고문
Cooperação	협력
Diplomático	외교
Discussão	토론
Embaixada	대사관
Embaixador	대사
Ética	윤리학
Governo	정부
Humanitário	인도주의
Integridade	무결성
Justiça	정의
Línguas	언어
Política	정치
Resolução	해결
Segurança	보안
Solução	해결책
Tratado	조약

Dirigindo
드라이빙

Acidente	사고
Caminhão	트럭
Carro	차
Combustível	연료
Cuidado	주의
Estrada	도로
Freios	브레이크
Garagem	차고
Gás	가스
Licença	특허
Mapa	지도
Motocicleta	오토바이
Motor	모터
Pedestre	보행자
Perigo	위험
Polícia	경찰
Rua	거리
Segurança	안전
Tráfego	교통
Túnel	터널

Disciplinas Científicas
과학 분야

Anatomia	해부
Arqueologia	고고학
Astronomia	천문학
Biologia	생물학
Bioquímica	생화학
Botânica	식물학
Cinesiologia	운동학
Ecologia	생태학
Fisiologia	생리학
Geologia	지질학
Imunologia	면역학
Linguística	언어학
Meteorologia	기상학
Mineralogia	광물학
Neurologia	신경학
Psicologia	심리학
Química	화학
Sociologia	사회학
Termodinâmica	열역학
Zoologia	동물학

Doença
질병

Abdominal	복부
Agudo	급성
Alergias	알레르기
Coração	심장
Corpo	몸
Crônica	만성
Fraco	약한
Genético	유전적
Hereditário	유전
Imunidade	면역
Inflamação	염증
Lombar	요추
Ossos	뼈
Pulmonar	폐
Respiratório	호흡기
Saúde	건강
Seio	공동
Síndrome	증후군
Terapia	요법

Ecologia
생태학

Clima	기후
Comunidades	커뮤니티
Diversidade	다양성
Espécies	종
Fauna	동물군
Flora	플로라
Global	글로벌
Habitat	서식지
Marinho	선박
Montanhas	산
Natural	자연스러운
Natureza	자연
Pântano	습지
Plantas	식물
Recursos	자원
Seca	가뭄
Sobrevivência	생존
Sustentável	지속 가능한
Variedade	종류
Vegetação	초목

Edifícios
건물

Apartamento	아파트
Castelo	성
Celeiro	헛간
Cinema	영화
Embaixada	대사관
Escola	학교
Estádio	경기장
Fazenda	농장
Fábrica	공장
Garagem	차고
Hospital	병원
Hotel	호텔
Laboratório	실험실
Museu	박물관
Observatório	전망대
Supermercado	슈퍼마켓
Teatro	극장
Tenda	텐트
Torre	탑
Universidade	대학

Energia
에너지

Ambiente	환경
Bateria	배터리
Calor	열
Carbono	탄소
Combustível	연료
Diesel	디젤
Elétrico	전기
Elétron	전자
Entropia	엔트로피
Fóton	광자
Gasolina	가솔린
Hidrogênio	수소
Indústria	산업
Motor	모터
Nuclear	핵
Poluição	오염
Renovável	재생 가능
Sol	태양
Turbina	터빈
Vento	바람

Engenharia
엔지니어링

Atrito	마찰
Ângulo	각도
Cálculo	계산
Construção	건설
Diagrama	도표
Diâmetro	지름
Diesel	디젤
Dimensões	치수
Distribuição	분포
Eixo	축
Energia	에너지
Estabilidade	안정성
Estrutura	구조
Força	힘
Líquido	액체
Máquina	기계
Medição	측정
Motor	모터
Profundidade	깊이
Propulsão	추진

Especiarias
향신료

Açafrão	사프란
Alcaçuz	감초
Alho	마늘
Amargo	쓴
Anis	아니스
Baunilha	바닐라
Canela	계피
Cardamomo	카르다몸
Caril	카레
Cebola	양파
Coentro	고수풀
Cominho	커민
Cravo	정향
Doce	달콤한
Funcho	회향
Gengibre	생강
Noz-Moscada	육두구
Pimenta	후추
Sabor	맛
Sal	소금

Esporte
스포츠

Alongamento	스트레칭
Atleta	선수
Capacidade	능력
Ciclismo	사이클링
Corpo	몸
Dançando	춤
Dieta	다이어트
Esportes	스포츠
Força	힘
Jogging	조깅
Maximizar	최대화
Músculos	근육
Nutrição	영양
Objetivo	골
Ossos	뼈
Programa	프로그램
Resistência	지구력
Saúde	건강
Treinador	코치

Ética
윤리학

Altruísmo	이타주의
Bondade	친절
Compaixão	연민
Cooperação	협력
Dignidade	존엄성
Diplomático	외교
Filosofia	철학
Honestidade	정직
Humanidade	인류
Individualismo	개인주의
Integridade	무결성
Otimismo	낙천주의
Paciência	인내
Racionalidade	합리성
Razoável	합리적인
Realismo	리얼리즘
Sabedoria	지혜
Tolerância	공차
Valores	값

Família
패밀리

Antepassado	선조
Avó	할머니
Criança	아이
Crianças	어린이
Esposa	아내
Filha	딸
Infância	어린 시절
Irmã	자매
Irmão	형
Marido	남편
Materno	모성
Mãe	어머니
Neto	손자
Pai	아버지
Paterno	부계
Primo	사촌
Sobrinha	조카딸
Sobrinho	조카
Tia	이모
Tio	삼촌

Fazenda #1
농장 #1

Abelha	벌
Agricultura	농업
Arroz	쌀
Água	물
Bezerro	송아지
Burro	당나귀
Cabra	염소
Campo	들
Cavalo	말
Cão	개
Cerca	울타리
Corvo	까마귀
Feno	건초
Fertilizante	비료
Frango	닭
Gato	고양이
Mel	꿀
Porco	돼지
Rebanho	무리
Vaca	소

Fazenda #2
농장 #2

Agricultor	농부
Animais	동물
Celeiro	헛간
Cevada	보리
Colmeia	벌집
Cordeiro	양고기
Fruta	과일
Irrigação	관개
Leite	우유
Lhama	라마
Maduro	익은
Milho	옥수수
Ovelha	양
Pastor	목자
Pato	오리
Pomar	과수원
Prado	목초지
Trator	트랙터
Trigo	밀
Vegetal	야채

Férias #2
휴가 #2

Aeroporto	공항
Destino	목적지
Estrangeiro	외국인
Feriado	휴일
Fotos	사진
Hotel	호텔
Ilha	섬
Lazer	여가
Mapa	지도
Mar	바다
Montanhas	산
Passaporte	여권
Praia	해변
Reservas	전세
Restaurante	식당
Táxi	택시
Tenda	텐트
Transporte	교통
Viagem	여행
Visto	비자

Ficção Científica
사이언스 픽션

Atómico	원자
Cinema	영화
Clones	클론
Distante	먼
Distopia	디스토피아
Explosão	폭발
Fantástico	환상적인
Fogo	불
Futurista	미래
Galáxia	은하
Ilusão	환상
Imaginário	상상의
Livros	책
Misterioso	신비한
Mundo	세계
Oráculo	오라클
Planeta	행성
Robôs	로봇
Tecnologia	기술
Utopia	유토피아

Filantropia
자선 활동

Caridade	자선
Comunidade	커뮤니티
Contatos	연락처
Crianças	어린이
Desafios	도전
Finança	금융
Fundos	자금
Generosidade	관대
Global	글로벌
Grupos	그룹
História	역사
Honestidade	정직
Humanidade	인류
Juventude	청소년
Missão	사명
Necessidade	필요
Objetivos	목표
Pessoas	사람들
Programas	프로그램
Público	공공의

Física
물리학

Aceleração	가속
Átomo	원자
Caos	혼돈
Densidade	밀도
Elétron	전자
Expansão	확장
Fórmula	수식
Frequência	빈도
Gás	가스
Gravidade	중력
Magnetismo	자기
Massa	질량
Mecânica	역학
Molécula	분자
Motor	엔진
Nuclear	핵
Partícula	입자
Químico	화학
Relatividade	상대성
Velocidade	속도

Flores
꽃

Buquê	꽃다발
Calêndula	금송화
Dente-De-Leão	민들레
Gardênia	치자
Girassol	해바라기
Hibisco	히비스커스
Jasmim	재스민
Lavanda	라벤더
Lilás	라일락
Lírio	백합
Magnólia	목련
Margarida	데이지
Orquídea	난초
Papoula	양귀비
Peônia	모란
Pétala	꽃잎
Plumeria	플루메리아
Rosa	장미
Trevo	클로버
Tulipa	튤립

Floresta Tropical
열대 우림

Anfíbios	양서류
Botânico	식물
Clima	기후
Comunidade	커뮤니티
Diversidade	다양성
Espécies	종
Insetos	곤충
Mamíferos	포유류
Musgo	이끼
Natureza	자연
Nuvens	구름
Pássaros	조류
Preservação	보존
Refúgio	피난
Respeito	존중
Restauração	복구
Selva	밀림
Sobrevivência	생존
Valioso	귀중한

Força e Gravidade
힘과 중력

Atrito	마찰
Centro	센터
Descoberta	발견
Dinâmico	동적
Distância	거리
Eixo	축
Expansão	확장
Física	물리학
Magnetismo	자기
Magnitude	크기
Mecânica	역학
Órbita	궤도
Peso	무게
Planetas	행성
Pressão	압력
Propriedades	속성
Rapidez	속도
Tempo	시각

Formas
셰이프

Arco	호
Canto	모서리
Cilindro	실린더
Círculo	원
Cone	원뿔
Cubo	입방체
Curva	곡선
Elipse	타원
Esfera	구체
Hipérbole	쌍곡선
Lado	측면
Linha	선
Oval	타원형
Pirâmide	피라미드
Polígono	다각형
Prisma	프리즘
Quadrado	정사각형
Retângulo	직사각형
Triângulo	삼각형

Frutas
과일

Abacate	아보카도
Abacaxi	파인애플
Amora	블랙베리
Baga	베리
Banana	바나나
Cereja	체리
Coco	코코넛
Damasco	살구
Figo	무화과
Framboesa	라즈베리
Kiwi	키위
Laranja	오렌지
Limão	레몬
Maçã	사과
Mamão	파파야
Manga	망고
Nectarina	천도 복숭아
Pera	배
Pêssego	복숭아
Uva	포도

Geografia
지리학

Altitude	고도
Atlas	아틀라스
Cidade	도시
Continente	대륙
Hemisfério	반구
Ilha	섬
Latitude	위도
Mapa	지도
Mar	바다
Meridiano	자오선
Montanha	산
Mundo	세계
Norte	북쪽
Oceano	대양
Oeste	서쪽
País	국가
Região	지역
Rio	강
Sul	남쪽
Território	영토

Geologia
지질학

Ácido	산
Camada	층
Caverna	동굴
Cálcio	칼슘
Continente	대륙
Coral	산호
Cristais	크리스탈
Erosão	부식
Estalactite	종유석
Estalagmites	석순
Fóssil	화석
Lava	용암
Minerais	탄산수
Pedra	돌
Platô	고원
Quartzo	석영
Sal	소금
Terremoto	지진
Vulcão	화산
Zona	구역

Geometria
지오메트리

Altura	키
Ângulo	각도
Cálculo	계산
Círculo	원
Curva	곡선
Diâmetro	지름
Dimensão	치수
Equação	방정식
Horizontal	수평
Lógica	논리
Massa	질량
Mediana	중앙값
Paralelo	평행
Proporção	비율
Segmento	분절
Simetria	대칭
Superfície	표면
Teoria	이론
Triângulo	삼각형
Vertical	세로

Governo
정부

Cidadania	시민권
Civil	시민
Constituição	헌법
Democracia	민주주의
Discurso	연설
Discussão	토론
Distrito	지구
Estado	상태
Igualdade	평등
Independência	독립
Judicial	사법
Justiça	정의
Lei	법
Liberdade	자유
Líder	지도자
Monumento	기념물
Nação	국가
Pacífico	평화로운
Política	정치
Símbolo	상징

Herbalismo
약초학

Açafrão	사프란
Alecrim	로즈마리
Alho	마늘
Aromático	방향족
Benéfico	유익한
Coentro	고수풀
Estragão	타라곤
Flor	꽃
Funcho	회향
Ingrediente	성분
Jardim	정원
Lavanda	라벤더
Manjericão	바질
Manjerona	마조람
Planta	식물
Qualidade	품질
Sabor	맛
Salsa	파슬리
Tomilho	백리향
Verde	녹색

Imigração
이민

Administração	관리
Adultos	성인
Aprovação	승인
Comunicação	통신
Crianças	어린이
Documentos	서류
Estresse	스트레스
Financiamento	자금 조달
Fronteiras	테두리
Habitação	주택
Lei	법
Língua	언어
Negociação	협상
Oficial	장교
Processo	프로세스
Proteção	보호
Situação	상황
Solução	해결책

Insetos
곤충

Abelha	벌
Barata	바퀴벌레
Besouro	딱정벌레
Borboleta	나비
Cigarra	매미
Cupim	흰개미
Formiga	개미
Gafanhoto	메뚜기
Joaninha	무당벌레
Larva	유충
Libélula	잠자리
Louva-A-Deus	사마귀
Mariposa	나방
Minhoca	벌레
Mosquito	모기
Pulga	벼룩
Pulgão	진딧물
Vespa	말벌

Instrumentos Musicais
악기

Bandolim	만돌린
Banjo	밴조
Clarinete	클라리넷
Fagote	바순
Flauta	플루트
Gaita	하모니카
Gongo	징
Harpa	하프
Marimba	마림바
Oboé	오보에
Pandeiro	탬버린
Percussão	타악기
Piano	피아노
Saxofone	색소폰
Tambor	북
Trombone	트롬본
Trompete	트럼펫
Violão	기타
Violino	바이올린
Violoncelo	첼로

Jardim
가든

Ancinho	갈퀴
Arbusto	부시
Árvore	나무
Banco	벤치
Cerca	울타리
Ervas Daninhas	잡초
Flor	꽃
Garagem	차고
Grama	잔디
Jardim	정원
Lagoa	연못
Maca	해먹
Mangueira	호스
Pá	삽
Pomar	과수원
Solo	토양
Terraço	테라스
Trampolim	트램폴린
Varanda	현관

Jardinagem
원예

Água	물
Botânico	식물
Buquê	꽃다발
Clima	기후
Comestível	식용
Composto	퇴비
Espécies	종
Exótico	이국적인
Flor	꽃
Floral	플로랄
Folhagem	잎
Mangueira	호스
Pomar	과수원
Recipiente	컨테이너
Sazonal	계절
Sementes	씨앗
Solo	토양
Sujeira	흙
Umidade	수분

Jazz
재즈

Artista	예술가
Álbum	앨범
Bateria	드럼
Canção	노래
Composição	구성
Compositor	작곡가
Concerto	콘서트
Estilo	스타일
Ênfase	강조
Famoso	유명한
Favoritos	즐겨찾기
Gênero	장르
Improvisação	즉흥 연주
Música	음악
Novo	새로운
Orquestra	오케스트라
Ritmo	리듬
Talento	재능
Técnica	기술
Velho	오래된

Literatura
문학

Analogia	유추
Análise	분석
Anedota	일화
Autor	저자
Biografia	전기
Comparação	비교
Conclusão	결론
Descrição	설명
Diálogo	대화
Estilo	스타일
Metáfora	은유
Narrador	내레이터
Opinião	의견
Poema	시
Poético	시적
Rima	운
Ritmo	리듬
Romance	소설
Tema	주제
Tragédia	비극

Livros
도서

Autor	저자
Aventura	모험
Coleção	수집
Contexto	문맥
Dualidade	이중성
Escrito	서면
Épico	서사시
História	이야기
Histórico	역사적인
Humorado	재미있는
Inventivo	발명
Leitor	리더
Literário	문학
Narrador	내레이터
Página	페이지
Poesia	시
Relevante	관련
Romance	소설
Série	시리즈
Trágico	비참한

Mamíferos
포유류

Baleia	고래
Camelo	낙타
Canguru	캥거루
Castor	비버
Cavalo	말
Cão	개
Coelho	토끼
Coiote	코요테
Elefante	코끼리
Gato	고양이
Girafa	기린
Golfinho	돌고래
Gorila	고릴라
Leão	사자
Lobo	늑대
Macaco	원숭이
Ovelha	양
Raposa	여우
Touro	황소
Zebra	얼룩말

Matemática
수학

Aritmética	산수
Ângulos	각도
Circunferência	둘레
Decimal	십진수
Diâmetro	지름
Equação	방정식
Expoente	멱지수
Fração	분수
Geometria	기하학
Números	숫자
Paralelo	평행
Paralelogramo	평행사변형
Perpendicular	수직
Polígono	다각형
Quadrado	정사각형
Raio	반지름
Retângulo	직사각형
Simetria	대칭
Triângulo	삼각형
Volume	음량

Material de Arte
미술 용품

Acrílico	아크릴
Apagador	지우개
Aquarelas	수채화
Argila	점토
Água	물
Cadeira	의자
Carvão	숯
Cavalete	화가
Câmera	카메라
Cola	접착제
Cores	색상
Criatividade	창의성
Escovas	브러쉬
Lápis	연필
Mesa	표
Óleo	기름
Papel	종이
Pastels	파스텔
Tinta	잉크

Medições
측정값

Altura	키
Byte	바이트
Centímetro	센티미터
Comprimento	길이
Decimal	십진수
Grama	그램
Grau	정도
Largura	너비
Litro	리터
Massa	질량
Metro	미터
Minuto	분
Onça	온스
Peso	무게
Polegada	인치
Profundidade	깊이
Quilograma	킬로그램
Quilômetro	킬로미터
Tonelada	톤
Volume	음량

Meditação
명상

Aceitação	수락
Acordado	깨어
Atenção	주의
Bondade	친절
Clareza	선명도
Compaixão	연민
Emoções	감정
Ensinamentos	가르침
Gratidão	감사
Mental	정신
Mente	마음
Movimento	운동
Música	음악
Natureza	자연
Observação	관찰
Paz	평화
Pensamentos	생각
Perspectiva	관점
Postura	자세
Silêncio	침묵

Mitologia
신화

Arquétipo	원형
Céu	천국
Ciúmes	질투
Comportamento	행동
Crenças	신념
Criação	창조
Criatura	생물
Cultura	문화
Desastre	재해
Força	힘
Guerreiro	전사
Herói	영웅
Imortalidade	불사
Labirinto	미궁
Lenda	전설
Mágico	마법의
Monstro	괴물
Relâmpago	번개
Trovão	천둥
Vingança	복수

Música
음악

Álbum	앨범
Balada	민요
Cantar	노래
Cantor	가수
Clássico	고전
Coro	합창
Gravação	녹음
Harmonia	조화
Improvisar	즉흥적으로
Instrumento	악기
Lírico	서정적
Melodia	멜로디
Microfone	마이크
Musical	뮤지컬
Músico	음악가
Ópera	오페라
Poético	시적
Ritmo	리듬
Tempo	속도
Vocal	보컬

Natureza
네이처

Abelhas	꿀벌
Animais	동물
Ártico	북극
Beleza	아름다움
Deserto	사막
Dinâmico	동적
Erosão	부식
Floresta	숲
Folhagem	잎
Geleira	빙하
Montanhas	산
Nevoeiro	안개
Nuvens	구름
Pacífico	평화로운
Rio	강
Santuário	성역
Selvagem	야생
Sereno	고요한
Tropical	열대

Negócios
비즈니스

Carreira	경력
Custo	비용
Desconto	할인
Dinheiro	돈
Economia	경제학
Empregado	직원
Empregador	고용주
Empresa	회사
Escritório	사무실
Fábrica	공장
Finança	금융
Impostos	세금
Investimento	투자
Loja	가게
Lucro	이익
Mercadoria	상품
Moeda	통화
Orçamento	예산
Rendimento	소득
Venda	판매

Nutrição
영양

Amargo	쓴
Apetite	식욕
Calorias	칼로리
Carboidratos	탄수화물
Comestível	식용
Dieta	다이어트
Digestão	소화
Equilibrado	균형 잡힌
Fermentação	발효
Líquidos	액체
Molho	소스
Nutriente	영양소
Peso	무게
Proteínas	단백질
Qualidade	품질
Sabor	맛
Saudável	건강한
Saúde	건강
Toxina	독소
Vitamina	비타민

Números
숫자

Cinco	다섯
Decimal	십진수
Dez	십
Dezesseis	식스틴
Dezessete	열일곱
Dezoito	십팔
Dois	두
Doze	열두
Nove	아홉
Oito	여덟
Quatorze	십사
Quatro	포
Quinze	열 다섯
Seis	여섯
Sete	일곱
Treze	열셋
Três	삼
Um	하나
Vinte	스물
Zero	영

Oceano
바다

Alga	조류
Atum	참치
Baleia	고래
Barco	배
Camarão	새우
Caranguejo	게
Coral	산호
Enguia	장어
Esponja	스펀지
Golfinho	돌고래
Marés	조수
Medusa	해파리
Ostra	굴
Peixe	물고기
Polvo	문어
Recife	암초
Sal	소금
Tartaruga	거북이
Tempestade	폭풍
Tubarão	상어

Paisagens
풍경

Cascata	폭포
Caverna	동굴
Colina	언덕
Deserto	사막
Geleira	빙하
Golfo	만
Iceberg	빙산
Ilha	섬
Lago	호수
Mar	바다
Montanha	산
Oásis	오아시스
Oceano	대양
Pântano	늪
Península	반도
Praia	해변
Rio	강
Tundra	동토대
Vale	골짜기
Vulcão	화산

Países #1
국가 #1

Alemanha	독일
Brasil	브라질
Camboja	캄보디아
Canadá	캐나다
Egito	이집트
Equador	에콰도르
Espanha	스페인
Finlândia	핀란드
Iraque	이라크
Israel	이스라엘
Itália	이탈리아
Índia	인도
Mali	말리
Marrocos	모로코
Nicarágua	니카라과
Noruega	노르웨이
Panamá	파나마
Polônia	폴란드
Senegal	세네갈
Venezuela	베네수엘라

Países #2
국가 #2

Albânia	알바니아
Dinamarca	덴마크
França	프랑스
Grécia	그리스
Haiti	아이티
Indonésia	인도네시아
Irlanda	아일랜드
Jamaica	자메이카
Japão	일본
Laos	라오스
Líbano	레바논
México	멕시코
Nepal	네팔
Nigéria	나이지리아
Paquistão	파키스탄
Rússia	러시아
Síria	시리아
Somália	소말리아
Ucrânia	우크라이나
Uganda	우간다

Pássaros
새들

Avestruz	타조
Águia	독수리
Cegonha	황새
Cisne	백조
Corvo	까마귀
Cuco	뻐꾸기
Flamingo	플라밍고
Frango	닭
Gaivota	갈매기
Ganso	거위
Garça	헤론
Ovo	계란
Papagaio	앵무새
Pardal	참새
Pato	오리
Pavão	공작
Pelicano	펠리컨
Pinguim	펭귄
Pombo	비둘기
Tucano	부리새

Pesca
낚시

Água	물
Barbatanas	지느러미
Barco	배
Brânquias	아가미
Cesta	바구니
Equipamento	장비
Exagero	과장
Fio	철사
Gancho	훅
Isca	미끼
Lago	호수
Mandíbula	턱
Oceano	대양
Paciência	인내
Peso	무게
Praia	해변
Rio	강
Temporada	계절

Plantas
식물

Arbusto	부시
Árvore	나무
Baga	베리
Bambu	대나무
Botânica	식물학
Cacto	선인장
Feijão	콩
Fertilizante	비료
Flor	꽃
Flora	플로라
Floresta	숲
Folhagem	잎
Grama	잔디
Hera	아이비
Jardim	정원
Musgo	이끼
Pétala	꽃잎
Raiz	뿌리
Sol	태양
Vegetação	초목

Profissões #1
직업 #1

Advogado	변호사
Artista	예술가
Astrônomo	천문학자
Banqueiro	은행가
Bombeiro	소방관
Caçador	사냥꾼
Cartógrafo	지도 제작자
Cientista	과학자
Dançarino	댄서
Editor	편집자
Embaixador	대사
Encanador	배관공
Enfermeira	간호사
Geólogo	지질학자
Joalheiro	보석상
Marinheiro	선원
Músico	음악가
Pianista	피아니스트
Psicólogo	심리학자
Veterinário	수의사

Profissões #2
직업 #2

Agricultor	농부
Astronauta	우주 비행사
Bibliotecário	사서
Biólogo	생물학자
Cirurgião	외과 의사
Dentista	치과 의사
Engenheiro	엔지니어
Filósofo	철학자
Fotógrafo	사진 작가
Ilustrador	일러스트레이터
Inventor	발명자
Investigador	연구원
Jardineiro	정원사
Jornalista	기자
Linguista	언어학자
Médico	의사
Piloto	조종사
Pintor	화가
Professor	선생님
Zoólogo	동물학자

Psicologia
심리학

Avaliação	평가
Clínico	임상
Cognição	인식
Comportamento	행동
Compromisso	약속
Conflito	갈등
Ego	자아
Emoções	감정
Experiências	경험
Inconsciente	무의식
Infância	어린 시절
Influências	영향
Pensamentos	생각
Percepção	지각
Personalidade	인격
Problema	문제
Realidade	현실
Sensação	감각
Sonhos	꿈
Terapia	요법

Química
화학

Alcalino	알칼리성
Ácido	산
Calor	열
Carbono	탄소
Catalisador	촉매
Cloro	염소
Elementos	요소
Elétron	전자
Enzima	효소
Gás	가스
Hidrogênio	수소
Íon	이온
Líquido	액체
Molécula	분자
Nuclear	핵
Orgânico	유기농
Oxigénio	산소
Peso	무게
Sal	소금
Temperatura	온도

Restaurante # 2
레스토랑 #2

Almoço	점심
Aperitivo	전채
Água	물
Bebida	음료
Bolo	케이크
Cadeira	의자
Colher	숟가락
Delicioso	맛있는
Especiarias	향신료
Fruta	과일
Garçom	웨이터
Garfo	포크
Gelo	얼음
Jantar	저녁 식사
Legumes	채소
Macarrão	국수
Peixe	물고기
Sal	소금
Salada	샐러드
Sopa	수프

Roupas
의류

Avental	앞치마
Blusa	블라우스
Calça	바지
Camisa	셔츠
Casaco	코트
Chapéu	모자
Cinto	벨트
Colar	목걸이
Jaqueta	재킷
Jeans	청바지
Luvas	장갑
Meias	양말
Moda	패션
Pijama	잠옷
Pulseira	팔찌
Saia	치마
Sandálias	샌들
Sapato	구두
Suéter	스웨터
Vestido	드레스

Saúde e Bem-Estar #1
건강 및 웰빙 #1

Altura	키
Ativo	활동적인
Bactérias	박테리아
Clínica	진료소
Doutor	의사
Farmácia	약국
Fome	굶주림
Fratura	골절
Hábito	습관
Hormones	호르몬
Medicina	약
Nervos	신경
Ossos	뼈
Pele	피부
Postura	자세
Reflexo	반사
Relaxamento	휴식
Terapia	요법
Tratamento	치료
Vírus	바이러스

Saúde e Bem-Estar #2
건강 및 웰빙 #2

Alergia	알레르기
Anatomia	해부
Apetite	식욕
Caloria	칼로리
Corpo	몸
Dieta	다이어트
Digestão	소화
Doença	질병
Energia	에너지
Genética	유전학
Higiene	위생
Hospital	병원
Humor	기분
Infecção	감염
Massagem	마사지
Peso	무게
Recuperação	회복
Sangue	피
Saudável	건강한
Vitamina	비타민

Tecnologia
기술

Arquivo	파일
Blog	블로그
Bytes	바이트
Câmera	카메라
Computador	컴퓨터
Cursor	커서
Dados	데이터
Digital	디지털
Estatísticas	통계
Fonte	글꼴
Internet	인터넷
Mensagem	메시지
Navegador	브라우저
Pesquisa	연구
Segurança	보안
Software	소프트웨어
Tela	화면
Virtual	가상
Vírus	바이러스

Tempo
시간

Agora	지금
Ano	년
Antes	전에
Anual	연간
Calendário	달력
Década	십년
Dia	일
Futuro	미래
Hoje	오늘
Hora	시간
Manhã	아침
Meio-Dia	정오
Mês	월
Minuto	분
Momento	순간
Noite	밤
Ontem	어제
Relógio	시계
Semana	주
Século	세기

Tipos de Cabelo
헤어 타입

Branco	하얀
Brilhante	빛나는
Careca	대머리
Cinza	회색
Curto	짧은
Encaracolado	곱슬
Fino	얇은
Grosso	두꺼운
Loiro	금발
Longo	긴
Marrom	갈색
Prata	은
Preto	블랙
Saudável	건강한
Seco	마른
Suave	부드러운
Trançado	끈
Tranças	머리띠

Universo
유니버스

Asteróide	소행성
Astronomia	천문학
Astrônomo	천문학자
Atmosfera	분위기
Celestial	천상의
Céu	하늘
Cósmico	우주
Equador	적도
Galáxia	은하
Hemisfério	반구
Horizonte	수평선
Latitude	위도
Longitude	경도
Lua	달
Órbita	궤도
Solar	태양
Solstício	지점
Telescópio	망원경
Visível	보이는
Zodíaco	조디악

Vegetais
야채

Abóbora	호박
Aipo	셀러리
Alcachofra	아티초크
Alho	마늘
Batata	감자
Beringela	가지
Brócolis	브로콜리
Cebola	양파
Cenoura	당근
Chalota	샬롯
Cogumelo	버섯
Ervilha	완두콩
Espinafre	시금치
Gengibre	생강
Nabo	순무
Pepino	오이
Rabanete	무
Salada	샐러드
Salsa	파슬리
Tomate	토마토

Veículos
차량

Ambulância	구급차
Avião	비행기
Balsa	나룻배
Barco	배
Bicicleta	자전거
Caminhão	트럭
Caravana	캐러밴
Carro	차
Foguete	로켓
Furgão	반
Helicóptero	헬리콥터
Jangada	뗏목
Lambreta	스쿠터
Metrô	지하철
Motor	모터
Ônibus	버스
Pneus	타이어
Submarino	잠수함
Táxi	택시
Trator	트랙터

Parabéns

Conseguiu!

Esperamos que tenha gostado tanto deste livro como nós gostamos de o desenhar. Esforçamo-nos por criar livros da mais alta qualidade possível.
Esta edição foi concebida para proporcionar uma aprendizagem inteligente, de qualidade e divertida!

Gostou deste livro?

Um simples pedido

Estes livros existem graças às críticas que publica.
Pode ajudar-nos, deixando agora uma revisão?

Aqui está um pequeno link para
a sua página de revisão:

BestBooksActivity.com/Avaliacoes50

DESAFIO FINAL!

Desafio n° 1

Está pronto para o seu jogo grátis? Usamo-los a toda a hora, mas não são tão fáceis de encontrar - aqui estão os **Sinônimos**!
Escreva 5 palavras que encontrou nos puzzles (n° 21, n° 36, n° 76) e tente encontrar 2 sinónimos para cada palavra.

Escreva 5 palavras de ***Puzzle 21***

Palavras	Sinônimo 1	Sinônimo 2

Escreva 5 palavras de ***Puzzle 36***

Palavras	Sinônimo 1	Sinônimo 2

Escreva 5 palavras de ***Puzzle 76***

Palavras	Sinônimo 1	Sinônimo 2

Desafio n° 2

Agora que já aqueceu, escreva 5 palavras que encontrou nos Puzzles (n° 9, n° 17 e n° 25) e tente encontrar 2 antônimos para cada palavra. Quantos se podem encontrar em 20 minutos?

*Escreva 5 palavras de **Puzzle 9***

Palavras	Antônimo 1	Antônimo 2

*Escreva 5 palavras de **Puzzle 17***

Palavras	Antônimo 1	Antônimo 2

*Escreva 5 palavras de **Puzzle 25***

Palavras	Antônimo 1	Antônimo 2

Desafio n° 3

Óptimo! Este desafio final 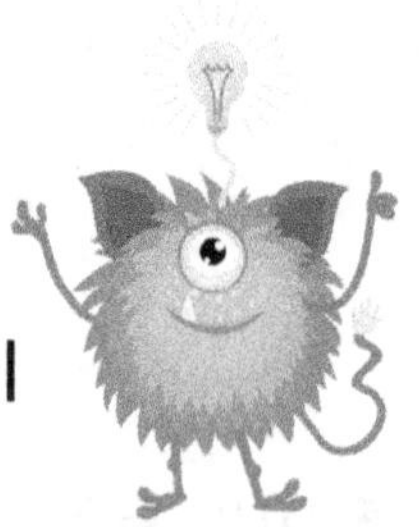 não é nada para si.

Pronto para o desafio final? Escolha 10 palavras que tenha descoberto nos diferentes puzzles e escreva-as abaixo.

1.	6.
2.	7.
3.	8.
4.	9.
5.	10.

Agora escreva um texto a pensar numa pessoa, num animal ou num lugar de seu agrado.

Pode utilizar a última página deste livro como um rascunho.

A Sua Composição:

CADERNO DE NOTAS:

ATÉ BREVE!

A equipa Inteira

www.ingramcontent.com/pod-product-compliance
Lightning Source LLC
Chambersburg PA
CBHW081701120626
46550CB00010B/2981
* 9 7 9 8 8 9 6 7 0 4 1 7 1 *